量化投资：
以时间序列分析为工具

吕 琦 梁 松 岳 俊 郝晓斌 著

中国水利水电出版社
www.waterpub.com.cn
·北京·

内 容 提 要

量化投资的研究工具有多种,包含技术分析、策略模型和数据工具等,目前市场上主要的研究工具为机器学习和时间序列,本书的研究是以时间序列为基础。

本书主要内容涵盖了线性金融时间序列模型、资产波动率及其模型、高频金融时间序列、多元时间序列分析、金融资产定价分析等。

本书结构合理,条理清晰,内容丰富新颖,可供从事金融领域的相关人员参考使用。

图书在版编目(CIP)数据

量化投资:以时间序列分析为工具 / 吕琦等著. --
北京:中国水利水电出版社,2017.10 (2025.4重印)
ISBN 978-7-5170-5982-0

Ⅰ. ①量… Ⅱ. ①吕… Ⅲ. ①投资—研究 Ⅳ.
①F830.59

中国版本图书馆CIP数据核字(2017)第258221号

书　　名	量化投资:以时间序列分析为工具 LIANGHUA TOUZI:YI SHIJIAN XULIE FENXI WEI GONGJU
作　　者	吕琦　梁松　岳俊　郝晓斌　著
出版发行	中国水利水电出版社 (北京市海淀区玉渊潭南路1号D座 100038) 网址:www.waterpub.com.cn E-mail:sales@waterpub.com.cn 电话:(010)68367658(营销中心)
经　　售	北京科水图书销售中心(零售) 电话:(010)88383994、63202643、68545874 全国各地新华书店和相关出版物销售网点
排　　版	北京亚吉飞数码科技有限公司
印　　刷	三河市天润建兴印务有限公司
规　　格	170mm×240mm　16开本　10.5印张　136千字
版　　次	2018年10月第1版　2025年4月第3次印刷
印　　数	0001—2000册
定　　价	52.00元

凡购买我社图书,如有缺页、倒页、脱页的,本社营销中心负责调换

版权所有·侵权必究

前　言

　　金融市场变化多端,迄今为止人们仍无法获知金融领域的全部信息。以市场有效性假说为基础的量化投资理论,以其交易策略的严谨性,在近年来备受追捧。量化投资的研究工具有多种,包含技术分析、策略模型和数据工具等,目前市场上主要的研究工具为机器学习和时间序列,本书的研究是以后者为基础。

　　时间序列包含的内容较多,在金融市场上的股票、期货和期权等的价格数据从实质上来看也是属于时间序列。时间序列在金融领域的兴起始于 Engle 在 1982 年提出的 ARCH 模型,ARCH 模型为有效度量金融时间序列的条件异方差特性提供了一个新的思路。在此之后金融时间序列的研究迅猛发展,在金融领域的研究中占据重要地位。同时伴随着技术的进步,金融时间序列的研究也在由低频向高频方向发展,金融市场微观结构的奥秘也在逐渐为人所知晓。

　　本书的研究主要分为 6 章。在第 1 章,首先对时间序列做了简单的介绍,包括金融时间序列数据的特征和收益率的计算。第 2 章,介绍了平稳时间序列和非平稳时间序列的建模方法。第 3 章,介绍了 GARCH 类模型及其在风险和波动率建模中的应用。第 4 章的研究立足于高频金融时间序列,介绍了高频时间序列的建模方法和应用。第 5 章和第 6 章的研究偏重于实际应用,前者立足于多元时间序列统计套利的研究,后者面向的是金融资产的定价分析。

　　实证分析是本书的特色,鲜活的数据分析过程和案例分析能够加深读者对于理论的理解。书中包含 10 多篇基于不同时间序列模型的实证研究,这些实证研究有助于读者对金融时间序列在量化投资中的应用有更深的感悟。本书的实现过程都是以 R 软件为工具,在每篇实证分析末尾都附有部分数据和核心代码,作者真心希望本书能够引导读者成长为本领域的专业人士。

由于时间仓促,水平有限,书中难免有疏漏之处,敬请读者批评指正。

作　者

2017 年 8 月

目 录

前言

第1章 时间序列简介 ……………………………………… 1

1.1 引言 …………………………………………………… 1
1.2 时间序列的定义 ……………………………………… 2
1.3 时间序列的分析方法 ………………………………… 2
1.4 金融时间序列数据的特征 …………………………… 3
1.5 金融时间序列(收益率)的分布性质 ………………… 5
1.6 金融时间序列绘图 …………………………………… 7

第2章 线性金融时间序列模型 …………………………… 9

2.1 时间序列的预处理 …………………………………… 9
2.2 ARMA 模型的性质 …………………………………… 14
2.3 平稳序列 ARMA 建模 ………………………………… 16
2.4 非平稳时间序列 ……………………………………… 22
2.5 ARIMA 模型的实证建模分析 ………………………… 25
2.6 基于长记忆模型的原油收益率研究 ………………… 37

第3章 资产波动率及其模型 ……………………………… 44

3.1 波动率建模 …………………………………………… 44
3.2 ARCH 模型与 GARCH 模型 ………………………… 45
3.3 基于 A 股市场数据的 GARCH(1,1)模型有效性
    分析 ………………………………………………… 48

3.4 基于 Egarch 模型的我国股票市场杠杆效应研究 ………… 58
3.5 基于 GARCH-M 模型的外汇市场风险与收益之间的关系分析 ………… 70
3.6 基于 GARCH(1,1) 模型的最小方差投资组合 …… 75

第4章 高频金融时间序列 ………… 81

4.1 高频数据的特征 ………… 81
4.2 持续期模型 ………… 82
4.3 持续期模型在金融市场中的应用 ………… 83
4.4 已实现波动率模型 ………… 98
4.5 已实现波动率模型在证券市场中的分析应用 …… 98

第5章 多元时间序列分析 ………… 115

5.1 弱平稳与交叉-相关矩阵 ………… 115
5.2 向量自回归模型 ………… 118
5.3 上证市场和深证市场联动关系研究 ………… 119
5.4 协整模型 ………… 123
5.5 沪深300股指期货与现货的协整关系研究 ………… 125
5.6 基于配对交易的统计套利研究 ………… 130

第6章 金融资产定价分析 ………… 138

6.1 资本资产定价模型及其应用 ………… 138
6.2 多因子模型 ………… 143

附录：平稳性检验和纯随机性检验 ………… 152

参考文献 ………… 160

第 1 章 时间序列简介

1.1 引言

时间序列的应用由来已久,在古代埃及,人们把尼罗河涨落的时序数据记录下来,掌握了尼罗河的涨落规律,依此发展农业,创造了灿烂的古埃及文明。在现代,时序数据的研究经过不断发展,已经应用到了各个领域,如国民经济宏观控制、企业生产经营管理、市场需求预测、证券投资、气象预报等各个方面。

金融时序数据的研究是近几十年兴起的,伴随着金融时序数据由低频向高频转变,金融时序数据的研究工具也越来越多,以时序数据为主要工具的金融研究也在迅速发展。

金融时序数据的研究,在数据频率上主要分为以下几类:①在日线数据上获取每日的开盘价、收盘价、最高价和最低价等;②在分钟线数据上去获取每一分钟的交易量、买一量和卖一量等;③在秒级数据上去获取该股票的最新价、买一价和卖一价等。金融时间序列分析就是利用这组时序序列,应用相关的数理统计方法对数据加以分析和处理,研究金融市场微观结构的变化特征,预测未来的发展规律。利用金融时序数据进行量化投资分析时,通常遵循的原理是承认事物发展的连续性,相信已发生的历史会重演。用统计原理对数据进行归纳分析,方便我们做出合理的投资决定。

1.2 时间序列的定义

在时序数据研究中,常用按时间顺序排列的一组随机变量
$$x_1,x_2,\cdots,x_t \tag{1-1}$$
来表示一个随机事件的时间序列,简记为
$$\{X_t,t\in T\} \text{ 或 } \{X_t\} \tag{1-2}$$
用 $x_1,x_2,\cdots,x_n$ 或 $\{x_t,t=1,2,\cdots,n\}$ 表示该随机序列的 n 个有序观察值,称之为序列长度为 n 的观察值序列,有时也称式(1-2)为式(1-1)的一个实现。我们通过分析观察值序列 $\{X_t\}$ 的性质,揭示随机时序 $\{X_t\}$ 的性质。

1.3 时间序列的分析方法

1.3.1 描述性时序分析

在早期,由于科学技术水平限制,时序数据的分析主要依靠观察和简单绘图等寻找时序数据中蕴含的发展规律,这种分析方法称为描述性时序分析。描述性时序分析方法在天文、物理、海洋学等自然科学领域也常常能使人们发现意想不到的规律,在我国古代,一年节气的变化和农业耕种都是依赖于这种描述性时序分析。

1.3.2 统计时序分析

伴随着时序数据研究领域的逐渐拓宽和研究问题的复杂化,人们发现单纯的描述性时序分析有很大的局限性,不能满足生产

生活的需要。在一些如金融、保险、法律、人口、心理学等随机变化较为强烈的领域,简单的观察和描述无法有效刻画出随机变量的变化规律,随后的预测工作也变得十分困难。

为了更准确有效地估计随机序列发展变化的规律,从20世纪20年代开始,概率理论中随机变量的发展以及统计数学中一些结论和方法的提出,使研究重心从对表面现象的总结,逐渐转移到分析随机序列内在本质的相关关系上,从而开辟了统计时序分析的时代,由此也开辟了一门应用统计学科——时间序列分析[①]。

时间序列分析方法可以分为频域分析方法和时域分析方法两大类。频域分析方法由于一般比较复杂,要求研究人员必须有很强的数学基础才能熟练运用,因此存在较大局限性;相对的,同样具有扎实理论基础的时域分析方法操作步骤规范、分析结果易于解释更受欢迎。在本书中,我们采用的就是时域分析方法。

1.4 金融时间序列数据的特征

金融时间序列数据的特征主要包含以下几个方面。

1.自相关特性

在统计领域的研究中,相关特性一般用来描述两个不同事物的相互联系程度,而在时间序列中一般用自相关系数来描述同一事物不同时间点的相互关联性,在金融时间序列中通常考虑 r_t 与它过去的值 r_{t-l} 的相关程度,两者之间的相关系数被称为间隔为 l 的相关系数。

---

① 王燕.应用时间序列分析[M].北京:中国人民大学出版社,2014.

2. 长记忆特性

对于许多平稳的时间序列，其自相关系数会随着滞后阶数的增加而呈现出快速的指数衰减现象。但我们会观察到一些时间序列模型在即使相隔较远的时间间隔下也会呈现出自相关特性。这种现象可以用一些经济现象来解释，譬如，对于一只股票来说，利好或者利空的信息会对其价格产生较大的扰动，当随着时间的变化，公司的经营绩效或管理能力并未发生较大变化时，股票价格又会回到原有的价格区间，这种状况在时间序列的自相关图像上就会表现出较远的自相关即长记忆特性。

当然长记忆也会出现另外一种现象，即自相关系数随着滞后阶数的增加呈现出缓慢衰减的状态，以至于到滞后几十甚至上百之后仍未到零。关于这类现象的描述会在第二章的长记忆模型中以实例来做分析。

3. 波动率

金融时序数据的研究离不开波动率，波动率是度量金融风险的有效手段，波动率的特征一般包含波动率聚集和杠杆效应。波动率聚集是指不同时间点的波动特性是不同的，在某个特定的时间段上波动率较大，呈现出聚集效应；在另外某个时间段上波动率较小，较为分散。波动率的杠杆效应是指波动率对市场正负信息的反映是不同的，通常情况下负的信息会对市场造成更大的影响（杠杆效应的具体分析参见本书 3.4 节）。波动率还包含自相关和长记忆特性，动率模型不仅可以帮助投资者选择资产投资组合，还可以帮助人们分析、度量资产组合的风险水平，在本书的第三章，会重点介绍几种波动率的建模方法。

1.5 金融时间序列(收益率)的分布性质

多数金融时序数据的研究都是针对收益率序列而不是价格序列,原因主要有两个方面:首先,资产收益率代表着一次投资活动的总结和概括;其次,资产收益率序列比价格序列更容易处理,统计特性明显。因此,在本书中对金融时序数据的研究也是针对资产收益率。

1.5.1 对数收益率

资产收益率的定义有许多种,例如单期简单收益率、多期简单收益率、对数收益率等。下面给出本书中主要用到的对数收益率的说明。

资产的简单收益率的对数称为对数收益率

$$r_t = \ln(1+R_t) = \ln \frac{P_t}{P_{t-1}} = p_t - p_{t-1}$$

其中,$p_t = \ln(P_t)$

与简单收益率 R_t 相比,对数收益率 r_t 的优点有以下几点,首先,对多期收益率,我们有

$$\begin{aligned} r_t[k] &= \ln(1+R_t[k]) = \ln[(1+R_t)(1+R_{t-1})\cdots(1+R_{t-k+1})] \\ &= \ln(1+R_t) + \ln(1+R_{t-1}) + \cdots + \ln(1+R_{t-k+1}) \\ &= r_t + r_{t-1} + \cdots + r_{t-k+1} \end{aligned}$$

因此,可以看到对数多期收益率是它所包含的连续单期对数收益率之和。

其次,其统计特性也更容易分析。

1.5.2 时序数据的矩及假设检验

在金融时序数据的研究中,通常使用变量的一阶矩到四阶矩

来描述分布特征,分别对应着均值、方差、偏度和峰度。均值用来度量时序样本分布的中间位置,二阶中心矩称为方差,度量的是偏离均值的水平;标准化的三阶矩称为偏度,用来度量其关于均值的对称性;标准化的四阶矩用来度量数据的尾部特征,称为峰度。关于样本数据的特征可以通过以下公式来描述。设$\{X_1, X_2, \cdots, X_T\}$是$X$的$T$个观测值,其样本均值表示为

$$\hat{\mu}_x = \frac{1}{T}\sum_{t=1}^{T} x_t$$

样本方差表示为

$$\hat{\sigma}_x^2 = \frac{1}{T-1}\sum_{t=1}^{T}(x_t - \hat{\mu}_x)^2$$

样本偏度表示为

$$\hat{S}(x) = \frac{1}{(T-1)\hat{\sigma}_x^3}\sum_{t=1}^{T}(x_t - \hat{\mu}_x)^3$$

样本峰度表示为

$$\hat{K}(x) = \frac{1}{(T-1)\hat{\sigma}_x^4}\sum_{t=1}^{T}(x_t - \hat{\mu}_x)^4$$

对于给定一个资产收益率序列$\{r_1, r_2, \cdots, r_T\}$,要检验其偏度,可以考虑原假设$H_0: S(r)=0$和备择假设$H_0: S(r) \neq 0$,样本偏度的$t$比为

$$t = \frac{\hat{S}(r)}{\sqrt{6/T}}$$

在显著性水平为α时,α取值通常为0.05,若满足$|t| > Z_{1-\alpha/2}$,则拒绝原假设,样本偏度不为0。

同样关于样本峰度的检验,假设$H_0: k(r) - 3 = 0$,其备择假设为$H_1: k(r) - 3 \neq 0$,则校验统计量为

$$t = \frac{\hat{K}(r) - 3}{\sqrt{24/T}}$$

除样本偏度和峰度的检验外,样本序列的检验通常还会涉及正态性检验,本书中用到的正态检验为Jarque和Bera(1987)年提

出的JB检验[①]。

$$JB = \frac{\hat{S}^2(r)}{6/T} + \frac{(\hat{K}(r)-3)^2}{24/T}$$

该统计量渐近为一个自由度为 2 的 χ^2 随机变量,当 JB 统计量的 p 值小于显著性水平 α 时,则拒绝正态性分布的原假设。

1.6 金融时间序列绘图

金融资产收益率是金融定量分析的数据基础,金融资产收益率的基本特征可以通过简单的图形功能来完成,金融时间序列制图能够帮助我们认识金融市场的波动性的基本特征。下面通过 R 软件制图,了解金融时间序列。

图 1-1 给出了沪深 300 指数 2012 年 1 月 4 日到 2016 年 12 月 30 日的收盘价序列和收益率序列,可以看到收盘价序列存在着剧烈的波动,对数收益率序列存在较为明显的波动率聚集现象。

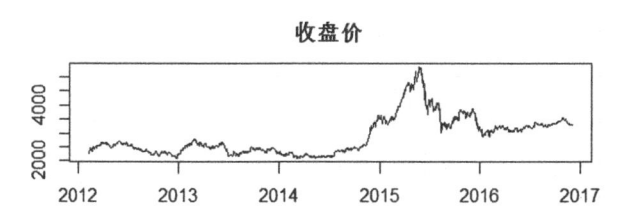

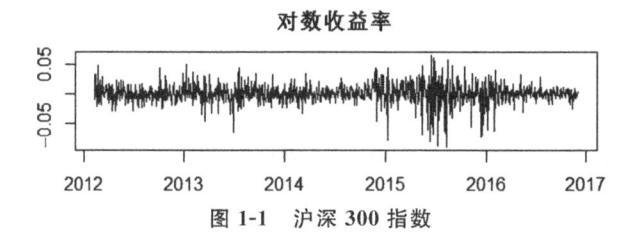

图 1-1 沪深 300 指数

[①] 高铁梅主编.计量经济分析方法与建模[M].北京:清华大学出版社,2006.

在金融时间序列分析中,序列自相关和偏自相关特性可以通过 ACF 和 PACF 图像(图 1-2)来识别。金融时序数据的图像有许多种,除了这些图像外,也可以通过 Q-Q 图和频率分布直方图等方法分析序列的分布特征。

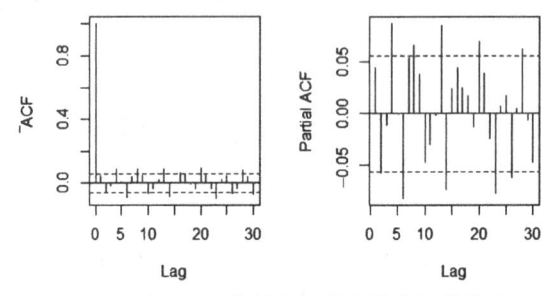

图 1-2　沪深 300 指数自相关和偏自相关检验

第 2 章 线性金融时间序列模型

2.1 时间序列的预处理

在对时序数据进行统计建模分析前,第一步要做的工作是对它的平稳性和纯随机性进行检验,我们称这两个检验为序列的预处理。依据检验的结果可以将序列分为不同的类型,针对不同类型的序列可以采用不同的分析方法。

2.1.1 特征统计量

我们可以借助如下的统计工具进行时序数据的预处理分析。

1. 概率分布

分布函数或密度函数能够完整地描述一个随机变量的统计特征,同样,一个随机变量族$\{X_t\}$的统计特性也完全由它们的联合分布函数或联合密度函数决定。但在实际应用中,要得到序列的联合概率分布几乎是不可能的,而且联合概率分布通常使用非常复杂的数学运算,这些原因使我们很少直接使用联合概率分布进行时间序列分析。

2. 特征统计量

利用时间序列的低阶矩来描述其统计特征是一种比较简单

有效的方法,例如均值、方差、自协方差和自相关函数,这些也被称为特征统计量。这些特征量概率意义明显、计算量较小,虽然不能描述出随机变量的全部性质,但是已经足够我们进行时序分析,推断出随机序列的性质。

关于均值和方差可以参照 1.5.2 中关于时序数据矩的介绍,均值用来反映平均水平,方差用来反映随机序列的波动程度。关于自协方差函数和自相关函数的表述如下:

对于时间序列 $\{X_t, t \in T\}$,任取 $t, s \in T$,定义 $Cov(X_t, X_s)$ 为该序列的自协方差函数

$$Cov(X_t, X_s) = E(X_t - \mu_t)(X_s - \mu_s)$$

定义 $\rho_{(t,s)}$ 为时间序列 X_t 的自相关系数,简记为 ACF。

$$\rho_{(t,s)} = \frac{Cov(X_t, X_s)}{\sqrt{Var(X_t)Var(X_s)}}$$

通常的协方差函数和相关系数度量的是两个不同的随机变量彼此之间的相互影响程度,而在时序数据分析中经常用到的自协方差函数和自相关系数度量的是同一序列中同一随机变量不同时间之间的相关程度,简单通俗的说法是度量自身历史数据对现在的影响程度。

2.1.2 平稳性

时间序列的平稳性根据限制条件的严格程度有两种定义,分别是严平稳和宽平稳时间序列。

1. 严平稳

时间序列的严平稳性是一种条件比较苛刻的平稳性定义,它认为序列所有的统计性质都不会随着时间的推移而发生变化。严平稳时间序列的定义表示如下:

设 $\{X_t\}$ 为一时间序列,对任意正整数 m,任取 $t_1, t_2, \cdots, t_m \in T$,对任意整数 τ,有

$$F_{t_1,t_2,\cdots,t_m}(x_1,x_2,\cdots,x_m)=F_{t_{1+\tau},t_{2+\tau},\cdots,t_{m+\tau}}(x_1,x_2,\cdots,x_m)$$

则称时间序列$\{X_t\}$为严平稳时间序列。

在实际应用中,严格满足上述随机序列分布特性的时序数据是非常罕见的,获取一组时序数据的联合分布也比较困难,计算复杂,难以推广应用,所以通常情况下的时序数据分析一般都是采用宽平稳时间序列。

2. 宽平稳

宽平稳的概念是相对严平稳而言,宽平稳定义的条件可以表示如下,如果有$\{X_t\}$满足如下三个条件:

(1) 任取$t \in T$,有$EX_t^2 < \infty$;

(2) 任取$t \in T$,有$EX_t = \mu$,为常数;

(3) 任取$t, s, k \in T$,且$t+s-t \in T$,有$Cov(X_t, X_s) = Cov(X_k, X_{k+s-t})$;

则称$\{X_t\}$为宽平稳时间序列,宽平稳也称为弱平稳或二阶平稳[①]。

显然,以上两种定义的对比显示,严平稳比宽平稳的条件严格。严平稳是对序列联合分布的要求,以保证序列所有的统计特征都相同;而宽平稳只要求序列二阶平稳,对于高于二阶的矩包括方差等没有特别要求。

在实际应用中,研究最多的是宽平稳随机序列,以后碰见平稳随机序列,如果不加特殊注明,指的都是宽平稳随机序列(平稳性检验见附录)。

2.1.3 相关系数与自相关系数

根据平稳时间序列的定义,可以推断出其具有如下两个重要的统计性质。

---

① 王燕. 应用时间序列分析[M]. 北京:中国人民大学出版社,2014.

(1)常数均值：
$$EX_t = \mu, \forall t \in T$$

(2)自协方差函数和自相关函数只依赖于时间的变化长度而与时间的起止点无关：
$$Cov(X_t, X_s) = Cov(X_k, X_{k+s-t}), \forall t, s, k \in T$$

根据这个性质，可以将自协方差函数 $Cov(X_t, X_s) = \gamma(t,s)$ 由二维简化为一维 $\gamma_{(t-s)}$：
$$\gamma_{(t-s)} = \gamma(t,s), \forall t, s \in T$$

由此引出延迟 k 自协方差函数的概念。

对于平稳时间序列 $\{X_t, t \in T\}$，任取 $t, t+k \in T$，定义 γ_k 为序列 $\{X_t\}$ 的延迟 k 自协方差函数：
$$\gamma_k = \gamma(t, t+k)$$

根据平稳序列的这个性质，容易推断出平稳随机序列的方差一定为常数：
$$DX_t = \gamma(t,t) = \gamma_0, \forall t \in T$$

由延迟 k 自协方差函数的概念可以等价得到延迟 k 自相关系数的概念：
$$\rho_k = \frac{\gamma(t, t+k)}{\sqrt{DX_t \cdot DX_{t+k}}} = \frac{\gamma_k}{\gamma_0}$$

自相关系数具有如下三个性质：

(1)规范性：
$$\rho_0 = 1 \text{ 且 } |\rho_k| \leqslant 1, \forall k$$

(2)对称性：
$$\rho_k = \rho_{-k}$$

(3)非负定性：

对任意正整数 m，相关矩阵 Γ_m 为对称非负定矩阵。

$$\Gamma_m = \begin{bmatrix} \rho_0 & \rho_1 & \cdots & \rho_{m-1} \\ \rho_1 & \rho_0 & \cdots & \rho_{m-2} \\ \vdots & \vdots & \vdots & \vdots \\ \rho_{m-1} & \rho_{m-2} & \cdots & \rho_0 \end{bmatrix}$$

2.1.4 白噪声和线性时间序列

1. 白噪声

如果时间序列 $\{X_t, t \in T\}$ 是一个均值和方差范围有限的独立同分布随机变量序列,则称 $\{X_t\}$ 为一个白噪声序列。对于白噪声序列,所有自相关函数为零,认为是纯随机序列。在实际应用中,如果所有样本自相关函数接近于零,则认为该序列是白噪声序列(白噪声检验见附录)。

2. 线性时间序列[①]

线性时间序列 $\{X_t\}$ 称为线性序列,它可以写成

$$x_t = \mu + \sum_{i=0}^{\infty} \psi_i a_{t-i} \tag{2-1}$$

其中,μ 是 $\{X_t\}$ 的均值,$\psi_0 = 1$,$\{a_t\}$ 是零均值独立同分布的随机变量序列(也即 $\{a_t\}$ 是白噪声序列)。我们在以后可以看出,a_t 表示时间序列在 t 时刻出现的新信息,因此常将 a_t 称为时刻 t 的扰动。本书中我们主要关心 a_t 为连续型随机变量的情形。

在式(2-1)定义的线性时间序列中,系数 ψ_i 决定了的动态结构,在时间序列文献中这些系数称为 x_t 的 ψ 权重(ψ weight),若 x_t 是弱平稳的,利用 $\{a_t\}$ 的性质可以很容易得到 x_t 的均值和方差

$$E(x_t) = \mu, Var(x_t) = \sigma_a^2 \sum_{i=0}^{\infty} \psi_i^2$$

其中,σ_a^2 是 a_t 的方差。

因为 $Var(x_t) < +\infty$,所以 $\{\psi_i^2\}$ 必须收敛,即当 $i \to \infty$ 时 $\psi_i^2 \to 0$。因此,对于一个平稳序列,随着 i 的增大,较远期的扰动 a_{t-i} 对 x_t 的影响会逐渐消失,x_t 的间隔为 l,自协方差为

$$\gamma_l = Cov(x_t, x_{t-l})$$

[①] [美]蔡瑞胸(Tsay).金融时间序列分析[M].北京:人民邮电出版社,2012.

$$= E\Big[\Big(\sum_{i=0}^{\infty}\psi_i a_{t-i}\Big)\Big(\sum_{j=0}^{\infty}\psi_j a_{t-l-j}\Big)\Big]$$

$$= \sigma_a^2 \sum_{j=0}^{\infty}\psi_j \psi_{j+l}$$

因此，ψ 权重与 x_t 的自相关系数有如下关系：

$$\rho_l = \frac{\gamma_l}{\gamma_0} = \frac{\sum_{i=0}^{\infty}\psi_i \psi_{i+l}}{1+\sum_{i=0}^{\infty}\psi_i^2}, l \geq 0$$

其中，$\psi_0 = 1$，时间序列模型就是用来描述 x_t 的 ψ 权重的计量模型和统计模型。对弱平稳时间序列而言，当 $i \to \infty$ 时 $\psi_i \to 0$，从而随着 l 的增加 ρ_l 收敛到 0。

2.2 ARMA 模型的性质

2.2.1 AR 模型

当 $\{X_t\}$ 具有统计显著的间隔为 1 的自相关系数时，滞后值 x_{t-1} 会在预测时有用，因此 AR 的简单模型可以利用这样的预测功用：

$$x_t = \phi_0 + \phi_1 x_{t-1} + a_t \tag{2-2}$$

其中，$\{a_t\}$ 是均值为 0、方差为 σ_a^2 的白噪声序列。这里 x_t 是因变量，x_{t-1} 是解释变量。模型式(2-2)称为一阶自回归(AR)模型，或简称 AR(1) 模型。在已知 x_{t-1} 的条件下，由 AR(1) 模型可推得：

$$E(x_t|x_{t-1}) = \phi_0 + \phi_1 x_{t-1}, Var(x_t|x_{t-1}) = Var(a_t) = \sigma_a^2$$

也就是说，给定过去的收益率 x_{t-1}，当前期的收益率将以 $\phi_0 + \phi_1 x_{t-1}$ 为中心取值，标准差为 σ_a。

对 AR(1) 模型进行推广得到 AR(p) 模型：

$$x_t = \phi_0 + \phi_1 + \cdots + \phi_p x_{t-p} + a_t$$

其中，p 是非负整数，$\{a_t\}$ 的定义与式(2-2)中相同。

2.2.2 MA 模型

MA(q)模型为
$$x_t = c_0 + a_t - \theta_1 a_{t-1} - \cdots - \theta_q a_{t-q}$$
或
$$x_t = c_0 + (1 - \theta_1 B - \cdots - \theta_q B^q) a_t$$
其中，$q > 0$。

MA(1)模型的一般形式为
$$x_t = c_0 + a_t + \theta_1 a_{t-1} \text{ 或者 } x_t = c_0 + (1 - \theta_1 B) a_t$$
其中，c_0 是常数，$\{a_t\}$ 是白噪声序列。

类似情况可以得到 MA(2)模型的形式为
$$x_t = c_0 + a_t - \theta_1 a_{t-1} - \theta_2 a_{t-2}。$$

2.2.3 ARMA 模型

AR 或 MA 模型在描述时序数据的动态关系时可能需要较高的阶数，伴随着的是很多的参数，这使模型变得复杂烦琐。为了克服这个困难，人们提出了 ARMA 模型。ARMA 模型的基本思想是把 AR 和 MA 模型结合在一个整体的形式中。在本小节中，我们给出最简单的 ARMA(1,1)模型。

称一个时间序列 $\{X_t\}$ 服从 ARMA(1, 1)模型，如果 x_t 满足
$$x_t - \phi_1 x_{t-1} = \phi_0 + a_t - \theta_1 a_{t-1} \tag{2-3}$$
其中，$\{a_t\}$ 是白噪声序列，式(2-3)的左边表示 AR 部分，右边表示 MA 部分，常数项为 ϕ_0。为了使模型有意义，要求 $\phi_1 \neq \theta_1$。

2.3 平稳序列 ARMA 建模

2.3.1 ARMA 模型建模步骤

当我们发现某个时序数据经过简单预处理可以判定为平稳非白噪声序列后,就可以利用 ARMA 模型对该序列进行建模分析。基本的建模步骤如下:

(1) 求出该时序数据的自相关系数(ACF)和偏自相关系数(PACF)的值。

(2) 利用推广的自相关函数计算出 EACF 值。

(3) 综合样本自相关系数、偏自相关系数和推广的自相关系数值选取合适的阶数,建立 ARMA(p,q) 模型。

(4) 建模分析,估计出模型中未知参数的值。

(5) 检查模型的有效性。如果无法通过检验,回到步骤(2)重新选择阶数。

(6) 最优模型的选取。在充分考虑各种可能的情况下,建立多个模型,并从通过残差检验的模型中选择出最优的拟合模型,具体选择方法可以参照 AIC 或 BIC 信息准则。

(7) 在步骤(6)的基础上做预测。

2.3.2 基于 ARMA 模型的黄金价格分析与预测研究

在对时间序列进行建模时,ARMA 模型既考虑了序列的依存性,又考虑了随机波动的干扰性,有着较高的预测精度,在商业、经济、工程等领域有着较多的应用。将 ARMA 模型应用到金融中的收益率序列事实上并不多,主要是因为金融时间序列较为复杂的特性,如后面会详细讲解非平稳性、波动率聚集效应等。但是,对于较短区间的平稳金融时间序列,其收益率序列并未表现出所有的复杂特性,因此,本节将 ARMA 模型引入短期平稳收益率序列的预测中去。

实证分析:

1. 数据描述与平稳性检验

本节选用的数据来自 Wind 数据库 2016 年 8 月 1 日到 2017 年 4 月 28 日的黄金期货收盘价,去除非交易日后共计 191 个数据。其原始的收盘价数据时序图如图 2-1 所示。

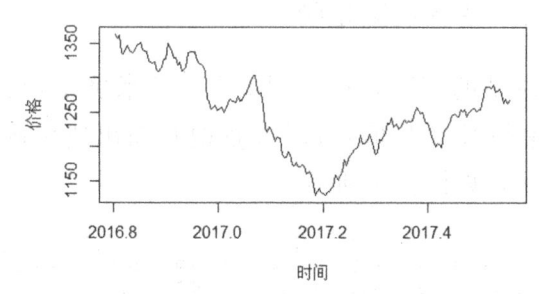

图 2-1 国际黄金价格走势图

可以看到黄金价格走势存在着较大的波动性,并且是非平稳,无法对其价格序列进行 ARMA 建模。在对原始的价格序列做对数并差分,即取对数收益率序列后看到数据基本上趋于平稳,如图 2-2 所示。

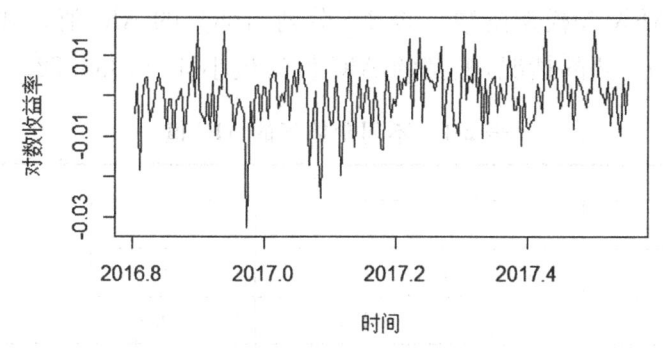

图 2-2 国际黄金价格对数收益率图

关于黄金价格对数收益率序列平稳的判断,需要借助 ADF 检验来判别其平稳性,ADF 检验的原假设是序列不平稳,当检验的 p 值拒绝原假设时,即认为序列是平稳的,在对序列的检验中

看到检验的 p 值小于 0.01,即拒绝原假设,可以认为对数收益率序列是平稳的,如图 2-3 所示。

```
Augmented Dickey-Fuller Test

data: gold
Dickey-Fuller = -5.0499, Lag order = 5, p-value = 0.01
alternative hypothesis: stationary

Warning message:
In adf.test(gold) : p-value smaller than printed p-value
```

图 2-3 ADF 检验结果

2. 序列相关性及模型定阶

ARMA 模型的定阶,首先使用 EACF 来确定,利用提取出来的 EACF 图像和 EACF 值,可以大致地判断出所要确定的模型阶数为 $p=3, q=4$,如图 2-4 所示。

```
        [,1]     [,2]     [,3]     [,4]     [,5]     [,6]     [,7]     [,8]
[1,]   0.1086   0.0689   0.00353  0.2343   0.0197  -0.0472  -0.12702   0.0811
[2,]  -0.4130   0.0561   0.00306  0.2386   0.0772  -0.0141  -0.10261  -0.0301
[3,]   0.1627  -0.0573  -0.02882  0.2332  -0.0853   0.0459  -0.09325   0.0433
[4,]   0.0406  -0.1937  -0.34958  0.2320  -0.1030  -0.0519  -0.15739   0.0541
[5,]   0.1428   0.3166   0.38791 -0.0354   0.0929  -0.0547  -0.15755  -0.0635
[6,]  -0.3577   0.0394   0.39093  0.0354   0.4105   0.0298  -0.00322   0.0711
[7,]  -0.4692   0.0976   0.19495 -0.2519   0.4286   0.1647   0.01114   0.0500
[8,]   0.4424  -0.2493  -0.38170 -0.0536   0.4357   0.0601  -0.13255   0.0538
```

图 2-4 EACF 值

在大致确定阶数的情况下借助 AIC 信息准则来确定一个较为准确的 ARMA 模型阶数。表 2-1 分列出部分的 AIC 值。观察发现在 $p=6, q=6$ 的情况,模型的 AIC 值为最小即 -1355.72。

表 2-1 不同阶数下的 AIC 值

		\multicolumn{4}{c}{p 值}
		3	4	5	6
q 值	3	−1334.813	−1341.752	−1334.616	−1341.987
	4	−1342.475	−1341.781	−1339.493	−1338.123
	5	−1342.328	−1340.714	−1350.820	−1348.877
	6	−1337.076	−1338.711	−1348.875	−1355.720

3. 模型拟合与残差检验

利用上述模型定阶结果,构建 ARMA(6,6)模型,图 2-5 为模型的各项系数值、系数的标准误差和 AIC 值,观察到包含截距项在内的各项系数标准误差值均小于 0.05,说明各项系数有着较好的拟合效果。

```
call:
arima(x = gold, order = c(6, 0, 6))
coefficients:
        ar1     ar2      ar3     ar4      ar5      ar6     ma1      ma2     ma3     ma4
     -0.296  0.4716  -0.1775  0.4456  -0.3137  -0.8905  0.4331  -0.3731  0.1121  -0.3730
s.e.  0.040  0.0384   0.0392  0.0374   0.0363   0.0396  0.0409   0.0455  0.0330   0.0461
        ma5     ma6   intercept
      0.433  1.0000      -4e-04
s.e.  0.044  0.0472       6e-04

sigma^2 estimated as 3.771e-05:  log likelihood = 690.86,  aic = -1355.72
```

图 2-5　ARMA(6,6)各项拟合结果

为了进一步检验模型的拟合效果,对模型的残差序列进行 Ljung-Box 检验,即白噪声检验,检验的原假设为残差序列。从图 2-6 可以看到接受原假设,认为残差序列为白噪声序列,因此构建的 ARMA(6,6)模型是合适的。

```
Box-Ljung test (lag = 13)

data:  fit$resid
X-squared = 3.2365, df = 1, p-value = 0.07201
```

图 2-6　残差检验

4. 黄金对数收益率序列的样本内预测

为了检验 ARMA(6,6)模型的预测效果,选取前 184 个样本数据做模型拟合,剩余 6 个样本值作为预测样本,做向前 6 步的预测。预测结果如图 2-7 所示,预测的标准误差在[0.00623,0.00639]之间,说明模型有着较好的预测精度。

```
$pred
Time Series:
Start = 185
End = 190
Frequency = 1
[1] -0.0004886603  0.0037387416 -0.0040667517 -0.0024488577 -0.0009546647  0.0035613708

$se
Time Series:
Start = 185
End = 190
Frequency = 1
[1] 0.006235332 0.006297491 0.006312257 0.006314448 0.006337069 0.006387889
```

图 2-7　预测结果及预测标准误差

本节利用 ARMA(6,6)模型对国际黄金期货 2016 年 8 月 1 日到 2017 年 4 月 28 日的收盘价进行了建模分析,发现有着较好的拟合效果和预测精度,说明了 ARMA 模型对于短期较平稳的金融数据还是比较合适的,可以为投资者提供一定的参考。

5. 部分数据(表 2-2)及代码

表 2-2　相关数据

日期	收盘价（元）	日期	收盘价（元）	日期	收盘价（元）	日期	收盘价（元）
2016/8/1	1353.1	2016/10/7	1256.5	2016/12/14	1143	2017/2/23	1249.2
2016/8/2	1363.5	2016/10/10	1259.6	2016/12/15	1128	2017/2/24	1256.7
2016/8/3	1357.4	2016/10/11	1252.05	2016/12/16	1134.9	2017/2/27	1252.5
2016/8/4	1361.4	2016/10/12	1254.75	2016/12/19	1138.28	2017/2/28	1248.14
2016/8/5	1336.53	2016/10/13	1257.25	2016/12/20	1132.2	2017/3/1	1249.3
2016/8/8	1334.9	2016/10/14	1250	2016/12/21	1131.11	2017/3/2	1234.09
2016/8/9	1340.7	2016/10/17	1254.9	2016/12/22	1128.3	2017/3/3	1234.4
2016/8/10	1346.9	2016/10/18	1262.2	2016/12/23	1133.62	2017/3/6	1225.21
2016/8/11	1338.5	2016/10/19	1269	2016/12/26	1134	2017/3/7	1215.4
2016/8/12	1335.49	2016/10/20	1265.2	2016/12/27	1138.6	2017/3/8	1207.93
2016/8/15	1338.85	2016/10/21	1265.71	2016/12/28	1141.47	2017/3/9	1200.8
2016/8/16	1346	2016/10/24	1263.8	2016/12/29	1157.56	2017/3/10	1204.14
2016/8/17	1348.3	2016/10/25	1273.3	2016/12/30	1151.1	2017/3/13	1203.4
2016/8/18	1350.9	2016/10/26	1265.7	2017/1/3	1158.5	2017/3/14	1198.5
2016/8/19	1339.77	2016/10/27	1267.8	2017/1/4	1163.1	2017/3/15	1219.5
2016/8/22	1338.65	2016/10/28	1275.4	2017/1/5	1180	2017/3/16	1225.6
2016/8/23	1337.3	2016/10/31	1276.75	2017/1/6	1172.08	2017/3/17	1228.6
2016/8/24	1323.4	2016/11/1	1287.5	2017/1/9	1180.8	2017/3/20	1233.7
2016/8/25	1321.8	2016/11/2	1297	2017/1/10	1186.9	2017/3/21	1244.4
2016/8/26	1320.59	2016/11/3	1301.4	2017/1/11	1191.3	2017/3/22	1248.2
2016/8/29	1322.65	2016/11/4	1303.7	2017/1/12	1195.39	2017/3/23	1244.4

续表

日期	收盘价(元)	日期	收盘价(元)	日期	收盘价(元)	日期	收盘价(元)
2016/8/30	1310.7	2016/11/7	1281.57	2017/1/13	1197.02	2017/3/24	1243.13
2016/8/31	1308.9	2016/11/8	1275.93	2017/1/16	1202	2017/3/27	1254.4
2016/9/1	1314.7	2016/11/9	1277.3	2017/1/17	1216.75	2017/3/28	1251.15
2016/9/2	1327.2	2016/11/10	1258.72	2017/1/18	1203.97	2017/3/29	1253.21
2016/9/5	1326.83	2016/11/11	1227.23	2017/1/19	1204.63	2017/3/30	1242.85
2016/9/6	1349.75	2016/11/14	1220.24	2017/1/23	1217.7	2017/3/31	1248.78
2016/9/7	1344.25	2016/11/15	1228.06	2017/1/24	1208.7	2017/4/3	1252.7
2016/9/8	1337.4	2016/11/16	1224.58	2017/1/25	1199.9	2017/4/4	1255.65
2016/9/9	1328	2016/11/17	1215.88	2017/1/26	1188.4	2017/4/5	1254.8
2016/9/12	1328.7	2016/11/18	1207.97	2017/1/27	1191.27	2017/4/6	1251.4
2016/9/13	1318.05	2016/11/21	1213.66	2017/1/31	1210.4	2017/4/7	1253.5
2016/9/14	1322.55	2016/11/22	1211.8	2017/2/1	1209.4	2017/4/10	1254.33
2016/9/16	1309.72	2016/11/23	1188.06	2017/2/2	1215.4	2017/4/11	1274.8
2016/9/19	1312.6	2016/11/24	1183.86	2017/2/3	1219.4	2017/4/12	1286
2016/9/20	1314.9	2016/11/25	1183.8	2017/2/6	1235	2017/4/13	1286.86
2016/9/21	1336.2	2016/11/28	1193.3	2017/2/7	1233	2017/4/14	1287.16
2016/9/22	1337.3	2016/11/29	1188.15	2017/2/8	1241.3	2017/4/17	1284.45
2016/9/23	1337.1	2016/11/30	1173.2	2017/2/9	1228.4	2017/4/18	1288.9
2016/9/26	1337.4	2016/12/1	1171.45	2017/2/10	1233.53	2017/4/19	1279.6
2016/9/27	1326.1	2016/12/2	1176.7	2017/2/13	1225.2	2017/4/20	1281.1
2016/9/28	1321.3	2016/12/5	1169.97	2017/2/14	1228.23	2017/4/21	1284.03
2016/9/29	1320	2016/12/6	1169.5	2017/2/15	1233.3	2017/4/24	1275.8
2016/9/30	1316.1	2016/12/7	1173.92	2017/2/16	1239.19	2017/4/25	1263.3
2016/10/3	1310.3	2016/12/8	1170.6	2017/2/17	1234.24	2017/4/26	1269
2016/10/4	1268.1	2016/12/9	1159.76	2017/2/20	1237.9	2017/4/27	1263.4
2016/10/5	1266.1	2016/12/12	1162.07	2017/2/21	1235.62	2017/4/28	1267.91
2016/10/6	1253.8	2016/12/13	1157.9	2017/2/22	1237		

代码如下：

```
plot(tx,dat,xlab= '时间',ylab= '价格',main= '国际黄金价格走势图',type= 'l')
gold= diff(log(dat)) # 差分处理
plot(tx,gold,xlab= '时间',ylab= '对数收益率',main= '国际黄金对数收益率图',type= 'l')
adf.test(gold)  # 数据平稳性检验
acf(gold)  # ACF 图
pacf(gold) # PACF 图
m1= eacf(gold,7,7) # EACF 图
library(FinTS)
fit= ARIMA(gold,order= c(6,0,6),method= "ML") # 注意 ARIMA 函数不同于 arima 函数,可以对模型进行拟合和残差检验
fit
fitMYMBox.test
fit1= arima(gold[1:184],order= c(6,0,6),method= "ML")# 模型拟合
predict(fit1,n.ahead= 6) # 向前 6 步预测
```

2.4 非平稳时间序列

2.4.1 差分运算

差分运算包含两种类型：p 阶差分和 k 步差分。

1. p 阶差分

相距 1 期的两个序列之间的减法运算称为 1 阶差分运算。记 Δx_t 为 x_t 的 1 阶差分：

$$\Delta x_t = x_t - x_{t-1}$$

对 1 阶差分后序列再进行一次 1 阶差分运算称为 2 阶差分。记 $\Delta^2 x_t$ 为 x_t 的 2 阶差分：

$$\Delta^2 x_t = \Delta x_t - \Delta x_{t-1}$$

依此类推,对 $p-1$ 阶差分后序列再进行一次 1 阶差分运算称为 p 阶差分。记为 $\Delta^p x_t$ 的 x_t 阶差分:

$$\Delta^p x_t = \Delta^{p-1} x_t - \Delta^{p-1} x_{t-1}$$

2. k 步差分

相距 k 期的两个序列值之间的减法运算称为 k 步差分运算。记 $\Delta_k x_t$ 为 x_k 的 k 步差分:

$$\Delta_k = x_t - x_{t-k}$$

k 步差分在具有季节特性的时序数据分析中应用广泛。

2.4.2 时间序列的确定性因素分解

由确定性因素导致的非平稳,通常显示出非常明显的规律性,比如有显著的趋势或者有固定的变化周期,这种规律性信息通常比较容易提取,而由随机因素导致的波动则非常难以确定和分析。根据这种性质,传统的时序分析方法通常都把分析的重点放在确定性信息的提取上,忽视对随机信息的提取,通常将序列简单地假定为

$$x_t = u_t + \varepsilon_t$$

式中,$\{\varepsilon_t\}$ 为零均值白噪声序列。这种分析方法就称为确定性分析方法。

最常用的确定性分析方法是确定性因素分解方法。人们发现尽管不同的序列的情况千变万化,但是序列的各种变化都可以归纳成长期趋势、循环波动、季节性变化和随机波动四大类因素的综合影响。随着研究的深入,近年来,人们对四因素的确定性分析做了改进,把序列分解为三大因素的综合影响:

(1)长期趋势波动,它包括长期趋势和无固定周期的循环波动。

(2)季节性变化,它包括所有具有特定周期的循环波动。

(3)随机波动,除了 1 和 2 之外,其他因素的综合影响归为随

机波动。

2.4.3 时间序列的趋势分析

有些时间序列具有非常强烈的趋势,针对这类序列分析的目的就是要找到序列中的这种趋势,并利用这种趋势对序列的发展作出合理的预测。

1.线性拟合

当长期趋势呈现出线性特征,可以用线性模型来拟合它:

$$\begin{cases} x_t = a + bt + I_t \\ E(I_t) = 0, Var(I_t) = \sigma^2 \end{cases}$$

式中,$\{I_t\}$为随机波动;$T_t = a + bt$就是消除随机波动的影响之后该序列的长期趋势。

2.曲线拟合

如果长期趋势呈现出非线性特征,可以将能转换成线性模型的都转换成线性模型,用线性最小二乘法进行参数估计;对于实在不能转换成线性的,就用迭代法进行参数估计。

3.平滑法

平滑法是进行趋势分析和预测时常用的一种方法。它可以削弱短期随机波动对序列的影响,使序列平滑化,从而显示出变化的规律。它具有调节灵活、计算简便的特征,广泛应用于计量经济、人口研究等诸多领域。

2.4.4 季节效应分析

在日常生活中,可以见到许多有季节效应的时间序列。狭义的季节如四季的气温、每个月的商品零售额、宏观经济的运行状况等,它们都会呈现出明显的季节变动规律。

在广义的季节效应中是指凡是呈现出固定的周期性变化的事件,都可以称它具有季节效应,季节效应即为周期效应。季节效应可以通过季节指数来分析,季节指数的计算分为三步:

第一步,计算周期内各期平均数,得到长期以来该时期的平均水平。假定序列的数据结构 m 期为一周期,共有 n 个周期,则

$$\bar{x}_t = \frac{\sum_{i=1}^{n} x_{ik}}{n}, k = 1, 2, \cdots, m$$

第二步,计算总平均数。

$$\bar{x} = \frac{\sum_{i=1}^{n} \sum_{k=1}^{m} x_{ik}}{nm}$$

第三步,用时期平均数除以总平均数就可以得到各时期的季节指数 $S_k(k=1,2,\cdots,m)$ 即

$$S_k = \frac{\bar{x}_k}{\bar{x}}, k = 1, 2, \cdots, m$$

观察上式可以看到,当比值大于1,就说明该季度的值常常会高于总平均值;比值小于1,说明该季度的值常常低于总平均值;当比值近似等于1,那就说明该序列没有显著的季节效应。

提取序列中季节波动信息的另一个常用方法是进行步长为周期长度的差分运算。

例如,$\{X_t\}$ 具有明显的周期为4的季节效应时,可以先对序列值进行4步差分 $\Delta_4 x_t$,消除季节性因素的影响。

2.5 ARIMA 模型的实证建模分析

2.5.1 基于 ARIMA 模型的原油价格变动分析

在实际生活中,我们所接触到的大多数时间序列都是非平稳

的,因此目前多数的时间序列分析方法也都是基于非平稳时序数据。对于确定性的时序分析,可以采用差分的方法转化为平稳序列。在本节中,以1998年1月到2016年12月国际布伦特原油期货月度收盘价数据为例来说明差分法在非平稳时序数据中的应用。

1. 数据说明

本节选取了国际布伦特原油期货1998年1月到2016年12月月度收盘价数据,共计228个。图2-8为国际布伦特原油月度收盘价的时序图,从图2-8中可以清楚地看到原油价格序列是非平稳的,在2008年和2015年前后波动剧烈,呈现出明显的上升趋势,并伴随着不显著的周期性波动(关于这一点后续会有验证)。

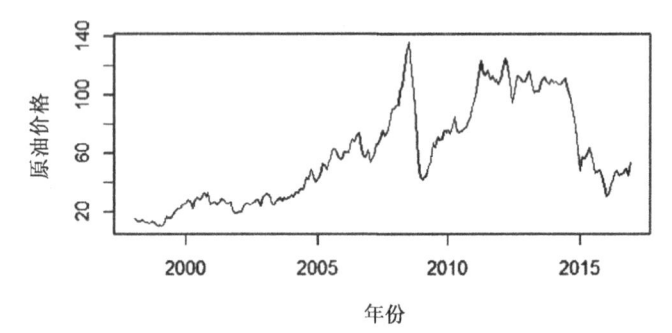

图2-8 国际布伦特原油期货收盘价

为了稳定序列的波动性,本节对收盘价数据进行对数化处理,看到对数后处理的序列(图2-9)仍为非平稳的,但其波动性明显有所降低,在后面我们仍使用对数后的数据。

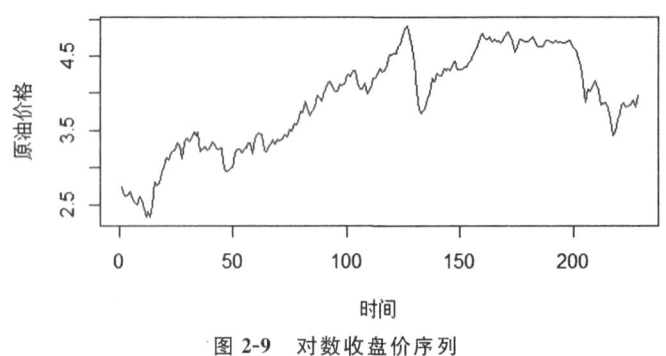

图2-9 对数收盘价序列

2. 建模分析

在时间序列中通常会使用差分法把一组非平稳时间序列转化为平稳的时间，本节也是基于差分的方法对原油对数收盘价序列 x_t 进行平稳性处理。差分处理后的数据通过了平稳性检验，即数据为平稳的。

图 2-10 分别表示出了对数序列 x_t 和对数差分后的 $(1-B)x_t$ 序列的 ACF 与 PACF 图像，从序列 x_t 的自相关图像来看，序列的自相关性存在缓慢衰减的状态，而在一阶差分后的自相关函数仅在 1 阶显示存在显著相关，而一阶差分后的偏自相关函数仅在较远的 10 阶和 23 阶显著，因此构建了 ARIMA(1,1,0) 模型。

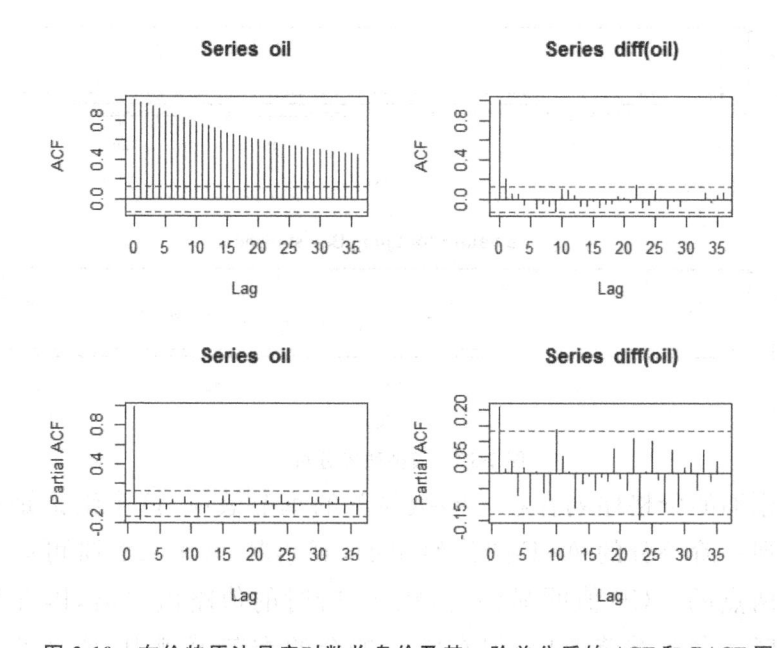

图 2-10 布伦特原油月度对数收盘价及其一阶差分后的 ACF 和 PACF 图

在以上分析的基础上构建 ARIMA(1,1,0) 模型，模型的拟合结果如图 2-11 所示，可以看到拟合 AR(1) 项的系数标准误差是显著的。图 2-12 给出了拟合模型的残差序列 ACF、PACF 和检验的 Pvalue 值，说明模型的拟合是比较充分的。

```
call:
arima(x = oil, order = c(1, 1, 0), method = "ML")

Coefficients:
         ar1
      0.2127
s.e.  0.0653

sigma^2 estimated as 0.008391:  log likelihood = 220.48,  aic = -436.95
```

图 2-11 ARIMA(1,1,0)模型拟合结果

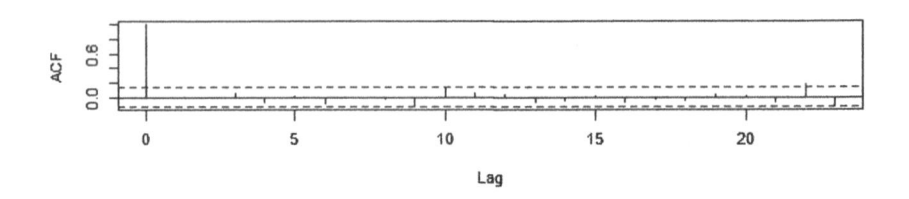

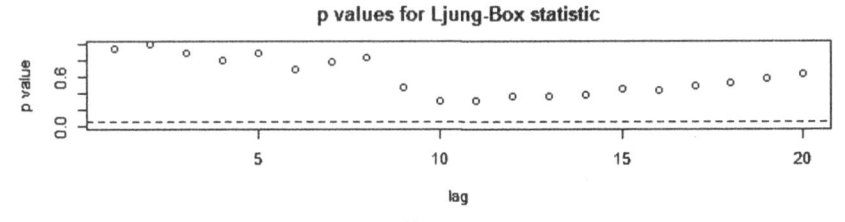

图 2-12 模型残差分析

原油的价格序列存在着略微显著的季节效应,这个结论是基于序列一阶差分的 ACF 图像给出的,观察其 11 阶、22 阶可以看到这两点的 ACF 值明显偏高,在 22 阶时的值略微显著,因此提出质疑其存在季节效应,但在随后拟合的季节模型中,拟合效果并不理想,模型的 AIC 值和各项系数标准误也并未改善,因此仍然认为这是一个普通的 ARIMA 模型。

3. 部分数据(表2-3)及代码

表2-3 相关数据

指标日期	原油现货价：布伦特DTD：月均	指标日期	原油现货价：布伦特DTD：月均	指标日期	原油现货价：布伦特DTD：月均	指标日期	原油现货价：布伦特DTD：月均
Jan-98	15.52	2-Oct	28.16	7-Jul	76.02	12-Apr	119.54
Feb-98	14.49	2-Nov	24.29	7-Aug	72.51	12-May	110.19
Mar-98	13.54	2-Dec	29.41	7-Sep	74.39	12-Jun	94.85
Apr-98	13.87	3-Jan	31.32	7-Oct	80.09	12-Jul	102.6
May-98	14.56	3-Feb	32.13	7-Nov	90.79	12-Aug	113.38
Jun-98	13.14	3-Mar	31.67	7-Dec	90.85	12-Sep	112.86
Jul-98	12.6	3-Apr	25.53	8-Jan	93.13	12-Oct	111.6
Aug-98	12.18	3-May	25.16	8-Feb	93.14	12-Nov	109.12
Sep-98	13.61	3-Jun	27.28	8-Mar	102.98	12-Dec	109.35
Oct-98	12.96	3-Jul	28.25	8-Apr	105.59	13-Jan	113.01
Nov-98	11.57	3-Aug	29.41	8-May	118.88	13-Feb	116.3
Dec-98	10.32	3-Sep	27.47	8-Jun	130.44	13-Mar	108.37
Jan-99	11.13	3-Oct	29.64	8-Jul	136.75	13-Apr	101.95
Feb-99	10.25	3-Nov	28.74	8-Aug	116.62	13-May	102.6
Mar-99	12.11	3-Dec	29.6	8-Sep	101.51	13-Jun	102.91
Apr-99	16.57	4-Jan	31.33	8-Oct	82.62	13-Jul	107.95
May-99	15.83	4-Feb	30.4	8-Nov	56.09	13-Aug	111.07
Jun-99	16.21	4-Mar	33.82	8-Dec	43.6	13-Sep	112.08
Jul-99	18.78	4-Apr	32.85	9-Jan	41.57	13-Oct	109.05
Aug-99	20.5	4-May	36.5	9-Feb	43.33	13-Nov	107.83
Sep-99	22.84	4-Jun	35.63	9-Mar	44.37	13-Dec	110.85
Oct-99	22.43	4-Jul	37.02	9-Apr	50.42	14-Jan	108.15
Nov-99	24.54	4-Aug	43.08	9-May	54.37	14-Feb	108.86
Dec-99	25.16	4-Sep	42.24	9-Jun	67.4	14-Mar	107.55

续表

指标日期	原油现货价:布伦特DTD:月均	指标日期	原油现货价:布伦特DTD:月均	指标日期	原油现货价:布伦特DTD:月均	指标日期	原油现货价:布伦特DTD:月均
Jan-00	25.56	4-Oct	48.94	9-Jul	64.26	14-Apr	107.58
Feb-00	27.86	4-Nov	44.34	9-Aug	71.59	14-May	109.65
Mar-00	27.26	4-Dec	40.32	9-Sep	69.16	14-Jun	111.62
Apr-00	22.65	5-Jan	42.81	9-Oct	69.68	14-Jul	106.65
May-00	27.88	5-Feb	45.23	9-Nov	76.58	14-Aug	101.6
Jun-00	29.84	5-Mar	53.06	9-Dec	74.5	14-Sep	97.41
Jul-00	28.49	5-Apr	51.89	10-Jan	76.19	14-Oct	87.54
Aug-00	30.11	5-May	48.87	10-Feb	73.64	14-Nov	78.9
Sep-00	32.73	5-Jun	53.27	10-Mar	78.9	14-Dec	62.91
Oct-00	30.91	5-Jul	57.38	10-Apr	84.96	15-Jan	47.87
Nov-00	32.54	5-Aug	63.14	10-May	75.17	15-Feb	58.14
Dec-00	25.18	5-Sep	63.46	10-Jun	74.88	15-Mar	55.93
1-Jan	25.84	5-Oct	59.11	10-Jul	75.49	15-Apr	59.78
1-Feb	26.63	5-Nov	55.92	10-Aug	77.15	15-May	64.33
1-Mar	25.23	5-Dec	56.28	10-Sep	77.65	15-Jun	61.7
1-Apr	26.47	6-Jan	61.93	10-Oct	82.75	15-Jul	56.45
1-May	28.58	6-Feb	60.88	10-Nov	85.34	15-Aug	46.7
1-Jun	27.8	6-Mar	61.21	10-Dec	91.3	15-Sep	47.6
1-Jul	25.85	6-Apr	69.26	11-Jan	96.54	15-Oct	48.57
1-Aug	25.76	6-May	70.1	11-Feb	103.62	15-Nov	44.3
1-Sep	26.15	6-Jun	68.12	11-Mar	114.61	15-Dec	38.2
1-Oct	21.46	6-Jul	73.39	11-Apr	123.61	16-Jan	30.7
1-Nov	19.19	6-Aug	74.36	11-May	114.56	16-Feb	32.48
1-Dec	19.1	6-Sep	63.09	11-Jun	114.04	16-Mar	38.49
2-Jan	19.92	6-Oct	58.12	11-Jul	116.97	16-Apr	41.49
2-Feb	20.32	6-Nov	58.13	11-Aug	110.32	16-May	46.89

续表

指标日期	原油现货价：布伦特DTD：月均	指标日期	原油现货价：布伦特DTD：月均	指标日期	原油现货价：布伦特DTD：月均	指标日期	原油现货价：布伦特DTD：月均
2-Mar	24.28	6-Dec	62.59	11-Sep	113.12	16-Jun	48.33
2-Apr	25.92	7-Jan	53.73	11-Oct	109.43	16-Jul	45.11
2-May	25.68	7-Feb	57.06	11-Nov	110.66	16-Aug	45.78
2-Jun	24.62	7-Mar	61.75	11-Dec	107.84	16-Sep	46.67
2-Jul	25.77	7-Apr	66.97	12-Jan	110.58	16-Oct	49.67
2-Aug	26.34	7-May	66.82	12-Feb	119.56	16-Nov	45.13
2-Sep	28.03	7-Jun	70.85	12-Mar	125.34	16-Dec	53.59

代码如下：

```
par(mfcol= c(2,2))# 2* 2 的画图规格,包含对数序列及一阶差分序列 ACF 和 PACF
acf(oil,lag= 36)
pacf(oil,lag= 36)
acf(diff(oil),lag= 36)
pacf(diff(oil),lag= 36)
# 模型拟合及残差检验
m9= arima(oil,order= c(1,1,0),method= "ML")
m9
Box.test(m9MYMresiduals,lag = 12,type = 'Ljung')
par(mfcol= c(3,1),mar= c(5,4,3,2))
tsdiag(m9,gof= 20)
```

2.5.2 季节模型在宏观经济分析中的应用

季节时间序列的分析已经有了很久的历史,如四季的气温、每个月的商品零售额、医药卫生行业的传染病数据等。在一些应用中,季节性模型的重要性是次要的,可以把它从数据中移除,得到季节调整后的时间序列,然后再做推断,这个过程叫作季节调整。在另外一些应用中,数据的季节性和其他特征是同等重要的,必须进行相应的处理,特别是将季节模型用于时间序列的预测时。

季节属性是宏观经济数据的一个重要属性,进行季节性分析可以帮助宏观经济研究者把握经济发展变化的趋势,从季节性影响因素这个角度考察宏观经济变化是一个重要的研究视角。

本节以交通运输行业的 GDP 季度数据为例来研究说明对具有季节特性的数据研究过程。

1. 数据描述

本节选取了 1992 年第一季度到 2016 年第四季度我国交通运输行业 GDP 季度数据。数据分为两部分,1992 年第一季度到 2014 年第四季度为样本内数据,用于模型的拟合,2015 年第一季度到 2016 年第四季度为样本外数据,用于模型预测效果的检验。图 2-13 分别给出了原时序图和对数处理后的时序图,可以看到两组序列图均明显出现了周期为 4 的季节效应,原序列的时序图存在着指数增长趋势,对数后的数据这种趋势明显改善。

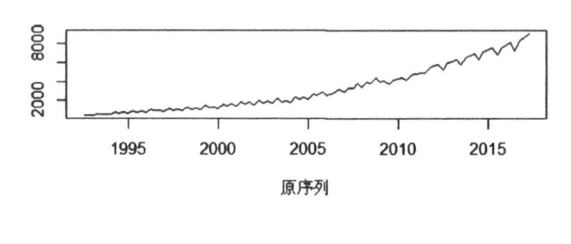

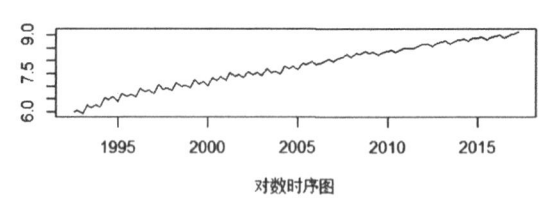

图 2-13 交通运输行业 GDP 时序图及对数时序图

2. 模型构建

(1)季节模型特性分析。

图 2-14 给出了交通运输行业 GDP 时序数据的 ACF 函数图

像，在这里 Series GDP、Series DGDP、Series SGDP 和 Series DDGDP 分别表示原对数序列 x_t、一阶差分序列 Δx_t、季节差分序列 $\Delta_4 x_t$ 和正规差分后再季节差分序列 $\Delta_4 \Delta x_t$。

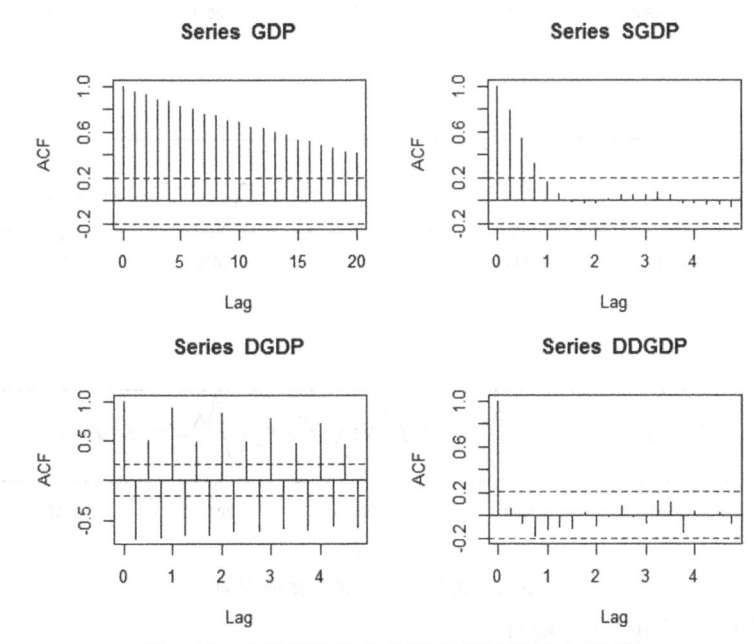

图 2-14 交通运输行业 GDP 时序数据的 ACF 图

左上角的对数序列图显示序列存在严重的自相关性，自相关函数缓慢衰减；左下角的 ACF 图像显示在一阶差分后 Δx_t 序列在 4 阶、8 阶和 12 阶，即滞后阶数在周期 4 的倍数时自相关函数较大，仔细观察也可以发现，该图像的自相关函数也是呈现出缓慢衰减的状态；右上角的 $\Delta_4 x_t$ 显示 4 步差分后季节效应已经消失。右下角的 $\Delta_4 \Delta x_t$ 显示数据未存在明显的自相关特性。（当 $\Delta_4 \Delta x_t$ 仍显示出较为明显的自相关特性时，需要引入多重季节模型，即航空模型，关于航空模型的分析读者可以自行查阅）

关于常规差分和季节差分数据的平稳性，可以从图 2-15 观察，3 组数据都是平稳的，进一步进行 ADF 检验，也证明了这个结论。

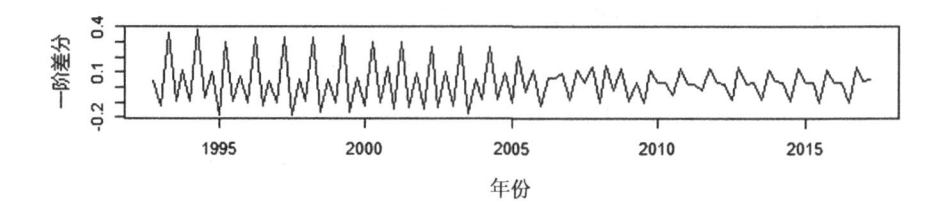

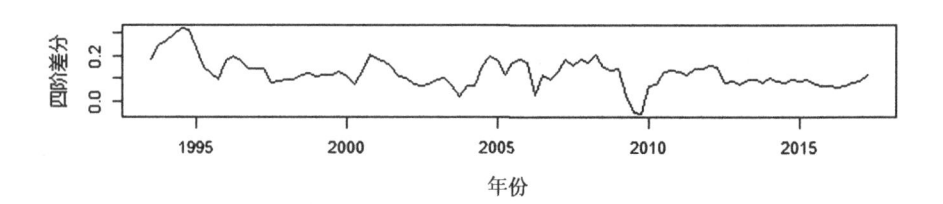

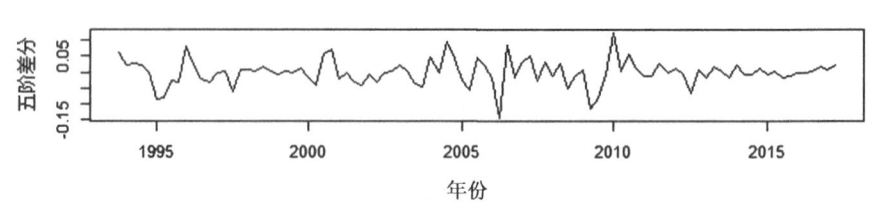

图 2-15 常规差分和季节差分序列

（2）季节模型的构建。

季节 ARIMA 模型的定阶,可以分两部分,第一部分为非季节项差分,观察在一阶差分后的 ACF 图像可以看到,其自相关函数仍存在拖尾的现象,其偏自相关函数（图 2-16）在 1 阶、3 阶和 4 阶较为显著。因此对于非季节项构建 $q=0, p=1、3$ 或 4 的 ARIMA 模型。对于季节项,我们只做了一阶的差分,因此最终考虑构建的模型为 ARIMA(1,1,0)(1,1,0)[4]、ARIMA(3,1,0)(1,1,0)[4] 和 ARIMA(4,1,0)

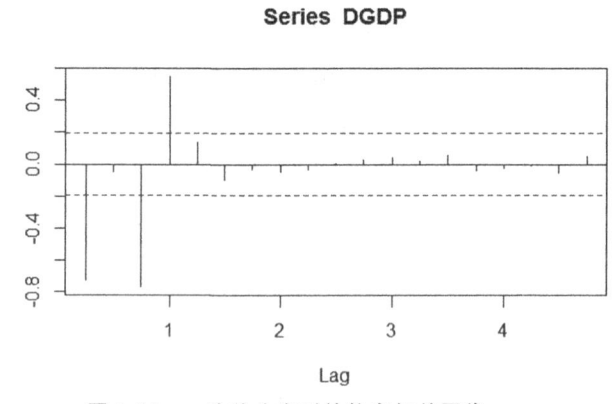

图 2-16 一阶差分序列的偏自相关图像

(1,1,0)[4]模型,并通过 AIC 信息准则进行筛选。

表 2-4 给出了各个模型拟合的 AIC 值,看到当模型为 ARI-MA(1,1,0)(1,1,0)[4]时,其 AIC 值为最小。提取该模型的残差序列,进行检验,检验结果显示其残差序列为白噪声,因此可以认为模型有着较好的拟合效果。

表 2-4 各模型的 AIC 值

模型	ARIMA(1,1,0)(1,1,0)[4]	ARIMA(3,1,0)(1,1,0)[4]	ARIMA(4,1,0)(1,1,0)[4]
AIC 值	−332.45	−332.2	−330.21

(3)模型预测。

正如前面所讲到的,对季节效应的处理很大程度上是因为预测的需要,季节因素对于模型预测的精度有很大的影响。下面通过样本外的数据来检检 ARIMA(1,1,0)(1,1,0)[4]模型的预测精度。

图 2-17 中上下两条虚线表示 95% 显著性水平下的预测区间,图中星号 * 表示模型的预测值,实线表示真实值。从图 2-17 中可以看到,预测值明显地显示出了季节特性,并与预测值较为贴近,且都在预测区间内部,因此可以认为该模型有着较好的预测效果。

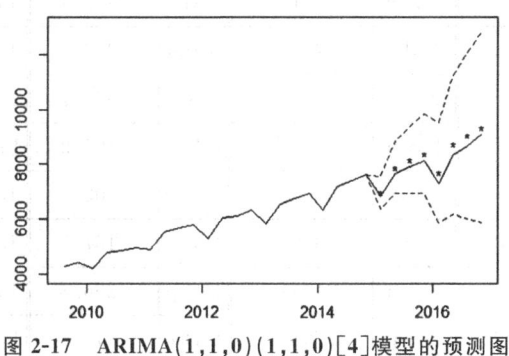

图 2-17 ARIMA(1,1,0)(1,1,0)[4]模型的预测图

3.部分数据(表2-5)及代码

表2-5 相关数据

指标名称	交通运输GDP/(亿元)	指标名称	交通运输GDP/(亿元)	指标名称	交通运输GDP/(亿元)	指标名称	交通运输GDP/(亿元)
Mar-92	393.3	Jun-98	1133.2	4-Sep	2137.3	10-Dec	4967.1
Jun-92	411	Sep-98	1020	4-Dec	2633.7	11-Mar	4870.8
Sep-92	363.8	Dec-98	1428.5	5-Mar	2554.9	11-Jun	5513.3
Dec-92	521.2	Mar-99	1210.8	5-Jun	2867.6	11-Sep	5686
Mar-93	471.9	Jun-99	1289.4	5-Sep	2540.5	11-Dec	5771
Jun-93	525.8	Sep-99	1140.3	5-Dec	2707.7	12-Mar	5289.3
Sep-93	476.2	Dec-99	1535.4	6-Mar	2868.8	12-Jun	6025.6
Dec-93	700.3	Mar-00	1379.4	6-Jun	3161.8	12-Sep	6119.5
Mar-94	650	Jun-00	1579.7	6-Sep	2899.7	12-Dec	6328.8
Jun-94	722.4	Sep-00	1370	6-Dec	3256	13-Mar	5824.4
Sep-94	601.3	Dec-00	1840.8	7-Mar	3354.3	13-Jun	6522
Dec-94	814.5	1-Mar	1604.1	7-Jun	3814.9	13-Sep	6763.1
Mar-95	737.3	1-Jun	1764.6	7-Sep	3448.8	13-Dec	6933.3
Jun-95	793.1	1-Sep	1521.2	7-Dec	3987.1	14-Mar	6321.6
Sep-95	717.6	1-Dec	1981.4	8-Mar	3892.4	14-Jun	7170.1
Dec-95	996.6	2-Mar	1722.5	8-Jun	4383.3	14-Sep	7398.1
Mar-96	882.5	2-Jun	1901.9	8-Sep	3984.7	14-Dec	7611.2
Jun-96	918.9	2-Sep	1677.5	8-Dec	4107.2	15-Mar	6822.2
Sep-96	828.8	2-Dec	2192.3	9-Mar	3702.5	15-Jun	7652.5
Dec-96	1152.3	3-Mar	1840.5	9-Jun	4137.7	15-Sep	7897.9
Mar-97	958.8	3-Jun	1941	9-Sep	4266.8	15-Dec	8115.1
Jun-97	1005.2	3-Sep	1793.6	9-Dec	4415.3	16-Mar	7284
Sep-97	912.8	3-Dec	2339.6	10-Mar	4203.9	16-Jun	8322.7
Dec-97	1272.3	4-Mar	2159.8	10-Jun	4759	16-Sep	8658.9
Mar-98	1079.8	4-Jun	2375.7	10-Sep	4853	16-Dec	9089.8

代码如下:

```
par(mfcol= c(2,2))
DGDP= diff(gdp)# 一次差分
SGDP= diff(gdp,4)# 滞后 4 阶差分
DDGDP= diff(SGDP)# 对滞后 4 阶差分数据再次差分
acf(GDP) # 分别画出 ACF 图像
acf(DGDP)
acf(SGDP)
acf(DDGDP)
# 三组不同模型的构建
m2= arima(y,order= c(1,1,0),seasonal= list(order= c(1,1,0),period = 4))
m3= arima(y,order= c(3,1,0),seasonal= list(order= c(1,1,0),period = 4))
m4= arima(y,order= c(4,1,0),seasonal= list(order= c(1,1,0),period = 4))
```

2.6　基于长记忆模型的原油收益率研究

前面的理论介绍和实证分析中讲到了时间序列一般都具有自相关性、长记忆性等特点。在利用时间序列模型对个股、指数、期货、期权、原油黄金等进行分析时,针对数据的长记忆性特点通常会构建 ARIMA 模型,但是当表现在时间序列的自相关函数下降较为缓慢时,利用 ARIMA 模型进行刻画会使自回归的阶数非常大,模型结构也会非常复杂,也会影响后续的预测精度。

我们将样本的 ACF 以多项式的速度缓慢衰减到 0 的序列称为长记忆时间序列,目前针对这类时间序列,一般以分数积分自回归移动平均模型(ARFIMA)来进行估计,该模型既考虑了时间序列的短记忆性,又考虑了时间序列的长记忆性,有着较好的拟合效果。

ARFIMA 模型的关键是对时间序列进行分数阶差分,但是分数阶的差分较为困难,许多学者以 1 阶差分来替代,这种操作

往往会导致过度差分的情况出现,使拟合的模型出现较大偏差。本节通过构建分数级差分的方法对国际原油期货价格序列构建 AFRIMA 模型,并通过 AIC 信息准则与其他模型作对比,验证 AFRIMA 在长记忆特征下的建模优势。

2.6.1 模型简介[①]

若分数差分序列$(1-B)^d x_t$服从一个 ARMA(p,q)模型,则称x_t为一个 ARFIMA(p,d,q)过程,它是 ARIMA 模型的推广,在这里d值可以为非整数。长记忆时间序列的一个例子是定义如下的差分序列:

$$(1-B)^d x_t = a_t \qquad -0.5 < d < 0.5$$

其中,$\{a_t\}$是一个白噪声序列。该公式的具体性质可以概括如下:

(1)若$d<0.5$,则x_t是平稳过程并有无穷阶 MA 表示:

$$x_t = a_t + \sum_{i=1}^{\infty} \psi_k a_{t-i}$$

其中,$\psi_k = \dfrac{d(1+d)\cdots(k-1+d)}{k!} = \dfrac{(k+d-1)!}{k!\,(d-1)!}$

(2)若$d>-0.5$,则x_t是可逆的并有无穷阶的 AR 表示:

$$x_t = \sum_{i=1}^{\infty} \pi_k x_{t-i} + a_t$$

其中,$\pi_k = \dfrac{-d(1-d)\cdots(k-1-d)}{k!} = \dfrac{(k-d-1)!}{k!\,(-d-1)!}$

(3)对$-0.5<d<0.5$,x_t的 ACF 为

$$\rho_k = \frac{d(1+d)\cdots(k-1+d)}{(1-d)(2-d)\cdots(k-d)}, k=1,2,\cdots$$

特别地,当$\rho_1 = d/(1-d)$,且当$k\to\infty$时$\rho_k \approx \dfrac{(-d)!}{(d-1)!} k^{2d-1}$

(4)对$-0.5<d<0.5$,x_t的偏自相关函数(PACF)为 $\phi_{k,k}=$

---

① [美]蔡瑞胸(Tsay).金融数据分析导论:基于 R 语言[M].北京:机械工业出版社,2016.

$d/(k-d), k=1,2,\cdots$。

2.6.2 实证分析

1.数据描述

本节选取的为 2014 年 1 月 2 日到 2016 年 12 月 30 日国际布伦特原油期货每日收盘价序列,在对序列进行对数差分处理,即取对数收益率序列后,共计 764 个观测值。将数据分为两部分,前 768 个用于模型构建和确定模型,后 6 个作为样本外数据,来检验预测精度。

2.数据的长记忆性检验

在对数据进行长记忆检验前,首先对数据的平稳性作判定。数据的平稳性检验结果如图 2-18 所示,可以看到检验的 p 值远小于 0.01,因此数据是平稳的,可以进行下一步的长记忆分析。

```
Augmented Dickey-Fuller Test

data: oil
Dickey-Fuller = -5.132, Lag order = 9, p-value = 0.01
alternative hypothesis: stationary

Warning message:
In adf.test(oil) : p-value smaller than printed p-value
```

图 2-18 数据平稳性检验

一般情况下,研究者是通过收益率序列的绝对值的 ACF 值来观察序列的长记忆性的,在这里也对国际原油对数收益率序列取绝对值。图 2-19 和图 2-20 分别列出了国际原油对数收益率绝对值 ACF 函数值及其变动趋势,可以看到原油对数收益率绝对值的自相关函数呈现出缓慢的下降趋势,在 100 阶的时候仍未达到 0,说明原油价格波动存在着长记忆特性。

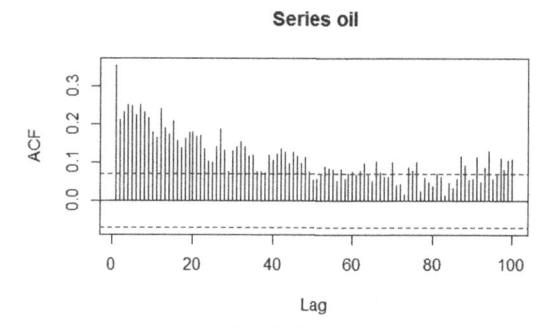

图 2-19　国际原油对数收益率绝对值序列的 ACF

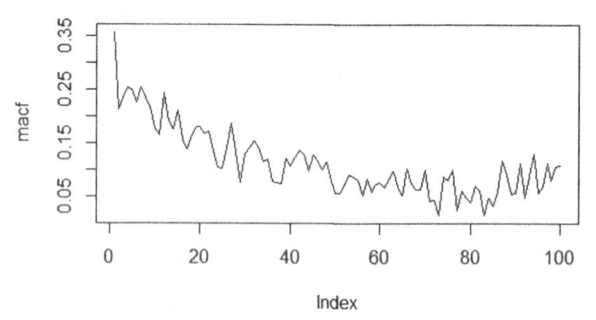

图 2-20　国际原油对数收益率绝对值 ACF 函数值变动趋势

3. 构建模型

ARFIMA 模型构建的关键是差分项 d 值的选择,在本节中使用 Geweke-Porter-Hudak 方法,利用这种方法得到差分项 d 值为 0.5781,下面可以构建一个 ARFIMA(p,0.58,q) 模型,并与 ARMA(p,q) 和 ARIMA(p,1,q) 模型做对比,来检验三个模型的拟合好坏,检验的方法是通过残差检验和 AIC 信息准则。

关于以上三模型中 p 和 q 的定阶,同样使用之前在 ARIMA 模型中同样的定阶方法,最终定阶到 $p=4$,$q=6$。因此,分别构建 ARMA(4,0,6)、ARFIMA(4,0.58,6) 和 ARIMA(4,1,6) 模型,并对三个模型做对比。

从图 2-21~图 2-23 的拟合结果可以清楚地看到,经过整数 1 阶差分后的 ARIMA(4,1,6) 模型 AIC 值最大为 −3576。而通过分数差分 0.58 阶后的 ARFIMA(4,0.58,6) 模型有着最小的 AIC 值。在进一步提取拟合的残差序列后发现,其残差序列也通过了检验,因此可以认为 ARFIMA(4,0.58,6)对比另外两个模型有着更好的拟合效果。

```
call:
arima(x = oil_1, order = c(4, 0, 6), method = "ML")

Coefficients:
          ar1      ar2      ar3      ar4     ma1     ma2     ma3     ma4     ma5     ma6
      -1.1964  -0.8834  -0.9446  -0.7186  1.1465  0.8608  0.9782  0.7302  0.0377  0.1179
s.e.   0.2906   0.6999   0.6785   0.2690  0.2935  0.6897  0.6553  0.2499  0.0560  0.0420
      intercept
        -9e-04
s.e.     8e-04

sigma^2 estimated as 0.0005132:  log likelihood = 1809.31,  aic = -3594.62
```

图 2-21　ARMA(4,0,6)模型拟合结果

```
call:
arima(x = oil_1, order = c(4, 0.58, 6), method = "ML")

Coefficients:
          ar1      ar2      ar3      ar4     ma1     ma2     ma3     ma4     ma5     ma6
      -1.2037  -0.9537  -1.0562  -0.7610  1.1542  0.9300  1.0862  0.7685  0.0314  0.1156
s.e.   0.1317   0.2534   0.2495   0.1903  0.1363  0.2524  0.2489  0.1903  0.0539  0.0423

sigma^2 estimated as 0.000514:  log likelihood = 1808.7,  aic = -3595.39
```

图 2-22　ARFIMA(4,0.58,6)模型拟合结果

```
call:
arima(x = oil_1, order = c(4, 1, 6), method = "ML")

Coefficients:
          ar1      ar2     ar3     ar4      ma1      ma2      ma3     ma4     ma5      ma6
      -0.5917  -0.0822  0.7591  0.7551  -0.4669  -0.4389  -0.8212  0.0423  0.6996  -0.0148
s.e.      NaN      NaN     NaN  0.0076      NaN      NaN      NaN     NaN  0.1165   0.0424

sigma^2 estimated as 0.00052:  log likelihood = 1799,  aic = -3576.01
```

图 2-23　ARIMA(4,1,6)模型拟合结果

国际原油期货对数收益率序列自相关函数存在缓慢衰减的现象,即长记忆特征,说明了国际原油期货并非是弱有效市场,历史信息会对当前信息产生一定的影响。在以上分析的基础上构建了带分数差分项的 ARFIMA(4,0.58,6)模型,发现对比 ARMA(4,0,6)和 ARIMA(4,1,6),前者的拟合效果更优,说明对于具有长记忆特性的时间序列,ARFIMA 模型有着较好的适用性。

4.部分数据(表 2-6)及代码

表 2-6　相关数据

日期	收盘价(元)	日期	收盘价(元)	日期	收盘价(元)	日期	收盘价(元)
2014/1/2	107.82	2014/10/3	92.82	2015/7/8	57.63	2016/4/7	39.66
2014/1/3	107.03	2014/10/6	93.35	2015/7/9	58.79	2016/4/8	41.89

续表

日期	收盘价(元)	日期	收盘价(元)	日期	收盘价(元)	日期	收盘价(元)
2014/1/6	107	2014/10/7	92.2	2015/7/10	58.89	2016/4/11	42.8
2014/1/7	107.01	2014/10/8	92.14	2015/7/13	58.14	2016/4/12	44.28
2014/1/8	106.83	2014/10/9	89.23	2015/7/14	58.94	2016/4/13	43.9
2014/1/9	106	2014/10/10	90.27	2015/7/15	57.37	2016/4/14	43.78
2014/1/10	106.83	2014/10/13	88.61	2015/7/16	56.95	2016/4/15	42.84
2014/1/13	105.59	2014/10/14	86.05	2015/7/17	57.01	2016/4/18	42.97
2014/1/14	105.25	2014/10/15	83.75	2015/7/20	56.54	2016/4/19	43.6
2014/1/15	105.97	2014/10/16	86.76	2015/7/21	56.98	2016/4/20	45.4
2014/1/16	105.48	2014/10/17	86.1	2015/7/22	56.09	2016/4/21	44.54
2014/1/17	106.32	2014/10/20	85.34	2015/7/23	55.41	2016/4/22	45.09
2014/1/20	106.33	2014/10/21	86.43	2015/7/24	54.56	2016/4/25	44.55
2014/1/21	106.8	2014/10/22	84.68	2015/7/27	52.96	2016/4/26	46.26
2014/1/22	108.08	2014/10/23	86.7	2015/7/28	52.98	2016/4/27	47
2014/1/23	107.58	2014/10/24	86.25	2015/7/29	53.55	2016/4/28	47.68
2014/1/24	107.89	2014/10/27	85.43	2015/7/30	53.38	2016/4/29	47.32
2014/1/27	106.29	2014/10/28	86.23	2015/7/31	51.85	2016/5/2	45.91
2014/1/28	106.89	2014/10/29	86.76	2015/8/3	49.59	2016/5/3	45.23
2014/1/29	107.11	2014/10/30	86.1	2015/8/4	50.28	2016/5/4	44.92
2014/1/30	107.07	2014/10/31	85.96	2015/8/5	49.72	2016/5/5	45.22
2014/1/31	105.79	2014/11/3	84.71	2015/8/6	50.15	2016/5/6	45.28
2014/2/3	105.27	2014/11/4	83.3	2015/8/7	49.21	2016/5/9	43.45
……	……	……	……	……	……	……	……
2014/9/22	97.61	2015/6/25	63.93	2016/3/23	41.17	2016/12/19	55.7
2014/9/23	97.67	2015/6/26	63.66	2016/3/24	41.05	2016/12/20	56.21
2014/9/24	97.75	2015/6/29	62.55	2016/3/29	40.03	2016/12/21	55.31
2014/9/25	97.68	2015/6/30	63.68	2016/3/30	39.94	2016/12/22	55.63
2014/9/26	97.45	2015/7/1	62.5	2016/3/31	40.14	2016/12/23	55.82
2014/9/29	97.68	2015/7/2	62.29	2016/4/1	38.75	2016/12/26	55.82

续表

日期	收盘价（元）	日期	收盘价（元）	日期	收盘价（元）	日期	收盘价（元）
2014/9/30	95.35	2015/7/3	61.09	2016/4/4	37.58	2016/12/27	55.82
2014/10/1	94.9	2015/7/6	57.14	2016/4/5	38.33	2016/12/28	56.63
2014/10/2	94.32	2015/7/7	58	2016/4/6	39.75	2016/12/29	56.95
						2016/12/30	56.75

代码如下：

```
oil= abs(diff(log(dat))# 对数收益率取绝对值
adf.test(oil)# 数据的平稳性检验
m2= acf(oil,lag.max = 100)
macf= m2MYMacf
plot(macf,type = 'l',main = "国际原油对数收益率绝对值ACF函数")
library(fracdiff)
m3= fdGPH(oil) # 分数差分阶数
# 分别构建不同模型并检验
fit1= arima(oil_1,order = c(4,0,6),method = 'ML')
fit1
Box.test(fit1MYMresiduals,lag = 7,type= "Ljung")
fit2= arima(oil_1,order = c(4,0.58,6),method = 'ML')
fit2
Box.test(fit2MYMresiduals,lag = 7,type= "Ljung")
fit3= arima(oil_1,order = c(4,1,6),method = 'ML')
fit3
Box.test(fit3MYMresiduals,lag = 7,type= "Ljung")
```

第3章 资产波动率及其模型

金融中与资产息息相关的是其风险,通常使用资产波动率来进行风险度量。资产波动率的类型有多种,我们将在后面几章中定义它们。本章的目标是理解波动率的特点,建立针对不同特点的波动率模型。

3.1 波动率建模

3.1.1 波动率的特征

波动率的特征通常可以从资产的收益率中看出,主要包括以下几点:第一,波动率聚集,即在某个特定时间段上波动率高,而在其他时间段上波动率较小。第二,波动率的变化是连续的,很少发生跳跃。第三,波动率在一个固定范围内变化,不会发散到无穷,这意味着波动率通常是平稳的。除此之外还包含异方差特性等,这些性质在波动率模型的发展中起着重要作用。

3.1.2 模型结构

使用 ARIMA 模型拟合非平稳序列时,对残差序列有一个重要假定——残差序列 $\{a_t\}$ 为零均值白噪声序列。换言之,残差序列要满足如下三个假定条件:

(1) 零均值
$$E(a_t)=0$$
(2) 纯随机
$$Cov(a_t,a_{t-i})=0, \forall i \geqslant 1$$
(3) 方差齐性
$$Var(a_t)=\sigma_t^2$$

如果方差齐性假定不成立,即随机误差序列的方差不再是常数,它随着时间的变化而变化,可以表示为时间的某个函数:$Var(\varepsilon_t)=h(t)$,这种情况被称作异方差。

针对时间序列的异方差特性,Engle 在 1982 年提出了条件异方差(ARCH)模型,Bollerslev(1986)在 Engle 的基础上提出了广义条件异方差(GARCH)模型,ARCH 族模型在后续学者的推动下逐渐发展出了 EGARCH、MGARCH 等模型,这些模型有效反映了波动率序列的波动特征。

3.2 ARCH 模型与 GARCH 模型

3.2.1 ARCH 效应的检验

为了符号表示的方便,记 $a_t=r_t-\mu_t$,为均值方程的残差。平方序列 a_t^2 可以用来检验条件异方差性,即所谓的 ARCH 效应。有两个检验可以用于 ARCH 效应的检验[1]。

(1) 将常用的 Ljung-Box 统计量 $Q(m)$ 应用于序列 $\{a_t^2\}$。该检验统计量的原假设是序列 a_t^2 前 m 个间隔的 ACF 位都为零。

(2) 拉格朗日乘子检验,该检验等价于在如下线性回归中检

---

[1] [美]Jonathan D. Cryer;Kung-Sik Chan. 时间序列分析及应用:R 语言[M]. 北京:机械工业出版社,2011.

验 $\alpha_i=0(i=1,2,\cdots,m)$ 的 F 统计量：
$$a_t^2=\alpha_0+\alpha_1 a_{t-1}^2+\cdots+\alpha_m a_{t-m}^2+e_t, t=m+1,\cdots,T$$
其中，e_t 表示误差项，m 是事先指定的正整数，T 是样本容量。原假设是 $H_0:\alpha_1=\cdots=\alpha_m=0$，备择假设是对某个在 $1\sim m$ 之间取值的 i，有 $H_0:\alpha_i\neq 0$. 令 $SSR_0=\sum_{t=m+1}^{T}(a_t^2-\bar{\omega})^2$，其中 $\bar{\omega}=(1/T)\sum_{t=1}^{T}a_t^2$ 是 a_t^2 的样本均值 $SSR_1=\sum_{t=m+1}^{T}\hat{e}_t^2$。其中 $\hat{e}$ 是前面线性回归最小二乘估计的残差。于是，我们有：
$$F=\frac{(SSR_0-SSR_1)/m}{SSR_1/(T-2m-1)}$$

在原假设 H_0 下，上述统计量 F 服从自由度为 m 和 $T-2m-1$ 的 F 分布。当 T 充分大时，可以用 mF 作为检验统计量。在原假设下，它渐进服从自由度为 m 的 χ^2 分布。如果 $mF>\chi^2(\alpha)$ 或 mF 的 p 值小于第 I 类错误 α，则拒绝原假设，这里 $\chi_m^2(\alpha)$ 是 χ_m^2 上的 $100(1-\alpha)$ 百分位点。

3.2.2　ARCH 模型的结构

ARCH 模型的全称是自回归条件异方差模型（autoregressive conditional heteroskedasticity model），它的构造原理为：假设在历史数据已知的情况下，零均值、纯随机残差序列具有异方差性。
$$Var(a_t)=\sigma_t^2$$
在正态分布的假定下，有
$$a_t/\sigma_t\sim N(0,1)$$
异方差等价于残差平方的均值：
$$E(a_t^2)=\sigma_t^2$$
使用残差平方序列的自相关系数，可以考察异方差函数的自相关性：
$$\rho_k=\frac{Cov(a_t^2,a_{t-k}^2)}{Var(a_t^2)}$$

结果有如下两种：

(1) 自相关系数恒为零 $\rho_k=0, k=1,2,\cdots$，这说明异方差函数纯随机。此时，历史数据对未来异方差没有任何关联性。这种状况最难分析，其中的异方差信息至今无法提取。

(2) 存在某个自相关系数不为零 $\rho_k\neq 0, k\geqslant 1$，误差平方序列的自相关系数不恒为零，说明异方差函数存在自相关性，有可能通过构造残差平方序列的自回归模型来拟合异方差函数：

$$\sigma_t^2 = E(a_t^2) = \omega + \sum_{j=t}^{q} \lambda_j a_{t-j}^2$$

这样构造的模型称为 q 阶自回归条件异方差模型，简记为 ARCH(q)，它的完整结构为

$$x_t = f(t, x_{t-1}, x_{t-2}, \cdots) + a_t$$
$$a_t = \sigma_t \varepsilon_t$$
$$\sigma_t^2 = \omega + \sum_{j=1}^{q} \lambda_j a_{t-j}^2$$

式中，$f(t, x_{t-1}, x_{t-2}, \cdots)$ 为 $\{x_t\}$ 的 Auto-Regressive 模型，$\varepsilon_t \overset{i.i.d}{\sim} N(0,1)$。

3.2.3 GARCH 模型的结构

ARCH 模型的实质[①]是使用误差平方序列的 q 阶移动平均拟合当期异方差函数值。由于移动平均模型具有自相关系数 q 阶截尾性，所以 ARCH 模型实际上只适用于异方差函数短期自相关过程。但是在实践中发现，有些残差序列的异方差函数是具有长期自相关性的，这时如果使用 ARCH 模型拟合异方差函数，将会产生很高的移动平均阶数，这会增加参数估计的难度并最终影响 ARCH 模型的拟合精度。为了修正这个问题，Bollerslov 在 1985 年提出了广义自回归条件异方差模型，它的结构如下：

---

① [美]蔡瑞胸（Tsay）.金融时间序列分析[M].北京：人民邮电出版社，2012.

$$x_t = f(t, x_{t-1}, x_{t-2}, \cdots) + a_t$$

$$a_t = \sigma_t \varepsilon_t$$

$$\sigma_t^2 = \omega + \sum_{j=1}^{p} \eta_j \sigma_{t-j}^2 + \sum_{j=1}^{q} \lambda_j a_{t-j}^2$$

式中，$f(t, x_{t-1}, x_{t-2}, \cdots)$ 为 $\{x_t\}$ 的回归函数；$\varepsilon_t \overset{i.i.d}{\sim} N(0,1)$ 这个模型简记为 GARCH(p,q)，GARCH 模型实际上就是在 ARCH 模型的基础上，考虑了异方差函数的 p 阶自相关性。它可以有效地拟合具有长期记忆性的异方差函数。显然 ARCH 模型是 GARCH 模型的一种特例，ARCH(q)模型实际上就是 $p=0$ 的模型 CARCH(p,q)。

3.3 基于 A 股市场数据的 GARCH(1,1)模型有效性分析

关于 GARCH 族模型在我国股票市场的分析应用研究，由于多数研究者受困于研究工具，多数采用对少量几只股票或股指期货为样本。本节以 R 软件为工具，以全市场股票为样本数据，进行 ARCH 效应的检验和 GARCH(1,1)模型的有效性研究。

本节通过节选 2016 年全年、2015 年到 2016 全年、2012 年到 2016 年全年在市的 3000 多只股票 244 个、488 个、1213 个交易日的收盘价数据，对存在 ARCH 效应的序列进行统计，在此基础上构建 GARCH(1,1)模型，以模型 a_0、a_1、β_1 的显著性水平及残差序列 Box.test 检验结果作为衡量模型拟合效果的依据，并将检验结果做统计，根据统计结果验证 GARCH(1,1)模型的实用性是否同样适合我国股市。

1. 数据描述

本节选取上海证券交易中心和深圳证券交易中心为研究对象，样本数据分别选取时间跨度 2016 年全年、2015 年到 2016 全

年、2012 年到 2016 年全年在市的 3000 多只股票 244 个、488 个、1213 个交易日的收盘价。

考虑到股票市场存在的停牌现象,为了保证数据本身的连续性和可靠性,样本数据剔除了存在较长交易间隔的部分。同时考虑到在拟合的 GARCH(1,1) 模型的残差序列做混成检验时,检验统计量 $Q(m)$ 渐进服从自由度为 m 的 χ^2 分布, m 的取值会影响到检验的功效,从大量的模拟表明 $m \approx \ln(T)$ 时效果较好,其中 T 为样本数据量。出于以上原因,分别选择了交易天数大于等于 120 天、200 天、500 天的股票为研究对象(表 3-1)。

表 3-1　上证市场、深证市场有效数据量

年份	上证	深证
2016 年	1074	1700
2015～2016 年	1070	1735
2012～2016 年	973	1580

由表 3-1 可以看出,在分别去除数据量低于 120 天、200 天、500 天的股票后,统计到 2016 年、2015～2016 年、2012～2016 年上证市场有效股票只数分别为 1074 只、1070 只、973 只。同样标准,统计到深证市场的股票只数分别为 1700 只、1735 只、1580 只。为确保进入模型的数据平稳性,定义收益率序列为对数收益率序列。

2. 模型选取

1) ARCH 模型

ARCH 模型的基本思想是:资产收益率序列 μ_i 是不存在序列相关性的,但不独立,资产收益率序列 μ_i 的平方项会存在较为明显的序列相关性。

在实际股市中,ARCH 效应在股票收益率时间序列的表现为大量的波动率聚集。当我们在对收益率序列建模过程中会发现,

序列的 ACF 图像表现为一般不存在序列相关性(在较长的滞后项上可能会出现较不显著序列相关性,考虑到股票价格存在的长记忆性,可以理解),序列的平方项会出现较为明显的序列相关性。

2)ARCH 效应的检验方法

这里使用拉格朗日乘子检验,检验的原假设是时间序列的残差从 1 阶到 m 阶都不具有 ARCH 效应。

3)GARCH 模型介绍及拟合效果检验

区别于 ARCH 模型需要很多的滞后期才能较好地拟合函数,GARCH 模型只需要用一个或者两个 σ_t^2 的平方的滞后值来替代许多 μ_t^2 的滞后值,这就使得需要估计的参数大大减少。GARCH 模型的性质可以观察 GARCH(1,1)模型来了解,同时 GARCH(1,1)模型在 GARCH 族模型中也是最简单实用的,这也是本节验证的重点。

关于 GARCH(1,1)模型的拟合效果检验,采用对模型拟合的残差序列做混成检验,当检验的 p 值大于显著性水平时即表示从拟合模型的残差序列来看,残差序列为白噪声序列,即拟合效果不错。

3.实证结果

1) ARCH 效应检验

因为本节的目的在于检验我国股票市场 ARCH 效应存在的范围,并对存在 ARCH 效应的股票收益率序列构建 GARCH(1,1)模型,来验证 GARCH(1,1)模型的实用性,因此有必要对所有数据进行 ARCH 效应的检验。在对存在 ARCH 效应的收益率序列才可以构建 GARCH(1,1)模型,检验方法是拉格朗日乘子(ARCH-LM)检验。

ARCH-LM 检验的原假设为序列不存在 ARCH 效应,了解检验效果最直观的方法是观察检验的 p 值,在 0.05 显著性水平下,当 p 值小于 0.05 的时候认为拒绝原假设,即检验序列存在着

ARCH 效应。由于计算的数据量较大,使用 EViews6.0 已经不能满足运算需求,选用 R 语言编程实现,使用 FinTS 包中的 ArchTest 函数做 ARCH 效应检验,并返回 p 值,输出为 CSV 文件,为了使检验的结果更加直观,以数字 0 代表股票收益率序列不存在 ARCH 效应,数字 1 代表收益率序列存在 ARCH 效应,表 3-2 为 ARCH 效应检验输出的部分 p 值结果(检验 p 值小于 10^{-6} 记为 0)。

表 3-2　部分 ARCH 效应检验结果

股票代码	是否有数据	数据量	Arch Test_p 值	是否有 ARCH 效应	股票代码	是否有数据	数据量	Arch Test_p 值	是否有 ARCH 效应
600000	1	226	0.9999971	0	000001	1	1202	0.999754	0
600004	1	244	0.0032970	1	000002	1	1068	0	1
600005	1	171	0.4114807	0	000004	1	1073	0	1
600006	1	200	0.0089123	1	000005	1	1042	0	1
600007	1	244	0.1997000	0	000006	1	1212	0	1
600008	1	244	1	0	000007	1	861	0	1
600009	1	244	1.94E−06	1	000008	1	1001	1	0
600010	1	244	4.05E−05	1	000009	1	1116	0.000137515	1
600011	1	244	0.3953678	0	000010	1	873	1	0
600012	1	244	0.0013512	1	000011	1	1213	0	1
600015	1	244	0.3686847	0	000012	1	1174	0	1
600016	1	244	0.0321461	1	000014	1	1213	0	1
600017	1	244	1.25E−06	1	000016	1	1127	0.983404	0
600018	1	244	6.50E−06	1	000017	1	917	0	1
600019	1	171	0.0369942	1	000018	1	1109	1	0
600020	1	244	8.21E−07	1	000019	1	1181	1.94E−13	1
600021	1	173	0.6581878	0	000020	1	990	0	1
600022	1	244	1.09E−07	1	000021	1	1191	0	1

续表

股票代码	是否有数据	数据量	Arch Test_p 值	是否有ARCH效应	股票代码	是否有数据	数据量	Arch Test_p 值	是否有ARCH效应
600023	1	244	1.52E−09	1	000022	1	1088	0	1
600026	1	244	4.75E−14	1	000023	1	937	0	1
600027	1	244	2.50E−08	1	000024	1	794	0.999999	0
600028	1	244	0.0219056	1	000025	1	1188	0	1
600029	1	244	0.7134180	0	000026	1	1204	0	1
600030	1	244	0.0004121	1	000027	1	1172	7.39E−05	1
600031	1	244	4.98E−06	1	000028	1	1096	0	1

因篇幅有限，无法将全部检验结果列出，表3-2所示为部分计算结果。统计到的上证和深证市场上的有效数据的检验结果，如表3-3所示。

(1)在2016年、2015～2016年、2012～2016年这三段年份上，上证市场具有ARCH效应的股票为577只、834只和686只，占比分别为53.72%、77.94%和70.50%。

(2)相对的，深证市场上具有ARCH效应的为782只、936只和562只，占比分别为46.00%、53.94%和35.56%。

(3)从图3-1柱状图上证市场和深证市场的比对来看，上证市场的ARCH效应要明显高于深证市场，即从波动率序列的聚集效应和波动幅度来看，上证市场具有明显的异方差效应。

(4)从实际层面来看，相对于深证市场，上证市场对于外部利好或利空信息的反应程度更为敏感，造成了在波动率序列上表现为聚集的现象，也说明了采用GARCH模型对我国股市波动率序列建模是合适的。

表3-3　上证市场和深证市场具有ARCH效应的股票数及占比

	上证/深证
2016年具有ARCH效应的股票数目	577/782
2015～2016年具有ARCH效应的股票数目	834/936

续表

	上证/深证
2012~2016 年具有 ARCH 效应的股票数目	686/562
2016 年具有 ARCH 效应的股票比例	0.5372/0.46
2015~2016 年具有 ARCH 效应的股票比例	0.7794/0.5394
2012~2016 年具有 ARCH 效应的股票比例	0.7050/0.3556

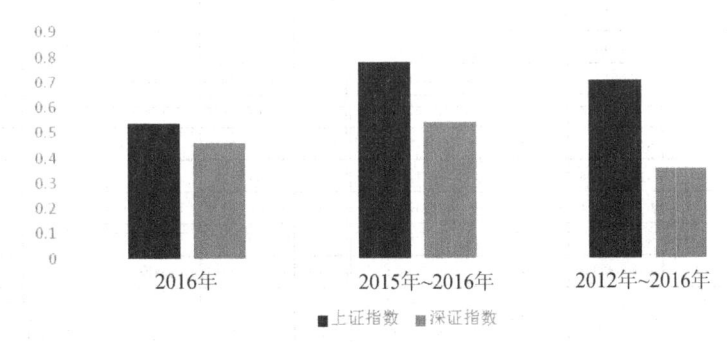

图 3-1 上证市场和深证市场 ARCH 效应对比

2)GARCH(1,1)模型实证检验

为验证 GARCH(1,1)模型在股票市场有效性如何,在前面做过的 GARCH 模型适用性检验基础上构建 GARCH(1,1)模型,为了严格地验证模型的拟合效果,除在对残差序列做混成检验(混成检验的目的在于检验拟合模型后的残差序列是否存在自相关性)外,并在 0.05 显著性的水平下,检验各项参数的显著程度。

选择在 R 软件里面对参数项做显著性检验,并列出各项的显著性水平,当水平值小于 0.05 时代表参数是显著的,即参数项拟合效果较好。选择对模型的残差序列做滞后 5 阶的混成检验,检验原假设为残差序列不存在自相关性。同样的使用 R 软件返回检验 p 值,为使得结果更加直观,在 0.05 显著性水平下,当返回 p 值小于 0.05 时记为 0,即残差序列仍存在自相关性。p 值大于 0.05 时返回值标记为 1,即可以认为模型的残差序列不存在自相关性。表 3-4 分列出一部分收益率序列的参数显著值、残差检验 p 值,以此为标准来衡量模型的拟合效果,当参数项显著且残差序列不存在明显的自相关性时,认为GARCH(1,1)模型在拟合波动率模型时有着较好的效果(图3-2)。

表3-4 上证市场、深证市场GARCH(1,1)模型部分拟合效果

股票代码	omega显著	alpha显著	beta1显著	残差Boxtest_p值	残差独立	股票代码	omega显著	alpha显著	beta1显著	残差Boxtest_p值	残差独立
600000	0.0119	0.057221539	2.59E-06	0.805072185	1	000001	1.77E-06	4.29E-14	0	0.912599894	1
600004	0.0403	0.012495207	0	0.81067806	1	000002	0.002092747	2.20E-07	0	0.067588127	1
600005	0.0331	0.013716789	0.043935143	0.836784573	1	000004	0.002798884	0.000126843	0	0.034412752	0
600006	0.0114	0.028574331	0.051848911	0.614315949	1	000005	0.004832452	1.90E-08	0	0.012330638	0
600007	0.1993	0.221342234	0	0.427781819	1	000006	6.80E-05	1.93E-07	0	0.327030954	1
600008	0.0412	0.00143	1.91E-13	0.999946151	1	000007	0.025277478	3.74E-06	0	0.002488633	0
600009	0.4111	0.0205618	0	0.443880739	1	000008	0.26744854	2.46E-14	0	0.768369154	1
600010	0.0936	0.014715031	0	0.096801028	1	000009	0.000375965	0.000178549	0	0.899172732	1
600011	0.0853	0.022946382	0	0.985124756	1	000010	1.11E-05	0	0	0.641607441	1
600012	0.1179	0.005627175	0	0.418228165	1	000011	0.018069532	5.47E-06	0	0.021196054	0
600015	0.00446	0.015614022	0	0.668262846	1	000012	0.000849523	9.70E-09	0	0.841587478	1
600016	0.0811	0.00332446	0	0.66573507	1	000014	0.015581781	2.64E-07	0	0.1129638	1
600017	0.0114	0.001556663	0	0.902307668	1	000016	0.014917804	2.29E-12	0	0.465996537	1
600018	0.246901362	0.017287537	0	0.793951124	1	000017	0.012192063	0.000108101	0	0.044468687	0
600019	0.016643284	0.018160322	5.77E-15	0.77767255	1	000018	0.119659741	0	0	0.096438583	1
600020	0.273645739	0.037011614	0	0.640416285	1	000019	0.006822499	1.84E-05	0	0.059645363	1
600021	0.044972425	0.028456645	0	0.770265157	1	000020	0.029483565	0.000252294	0	0.132791547	1
600022	0.140946529	0.010003574	0	0.680573715	1	000021	0.009032621	8.13E-07	0	0.403559242	1
600023	0.081088824	0.00874668	0	0.554891738	1	000022	0.00037671	1.70E-08	0	0.113146859	1
600026	0.188419197	0.005231874	0	0.602609136	1	000023	0.014220394	4.87E-05	0	0.426422861	1

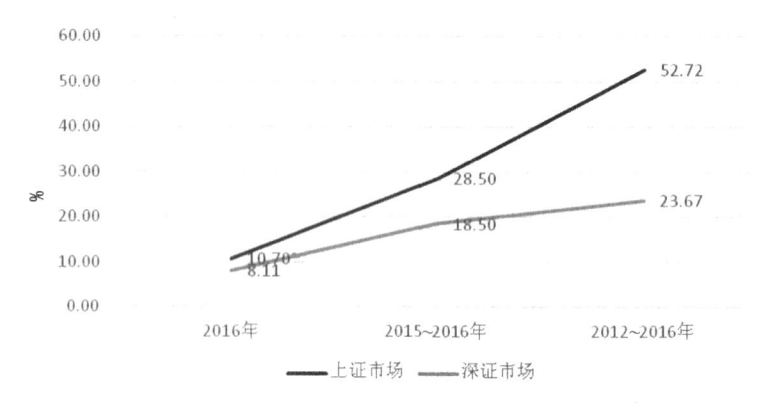

图3-2 GARCH(1,1)拟合效果图

从模型的拟合效果(图3-2)来看,我们统计到在2016年、2015~2016年、2012~2016年上证市场分别有115只、305只和

513 只股票,达到了较好的拟合效果,分别占有效数据量的比例为 10.70%、28.50% 和 52.72%。

相应的在深证市场分别有 138 只、321 只和 374 只股票有着较好的拟合效果,分别占有效数据量的比例为 8.11%、18.50% 和 23.67%。

以上结果可以验证出 GARCH(1,1) 模型的简单实用性在我国股票市场能够有效体现出来。同时,从拟合效果的折线图来看,GARCH(1,1) 模型在上证市场的拟合程度远远好于深证市场,并观察到无论在上证市场或是深证市场,GARCH(1,1) 模型在数据量加大的情况下,拟合效果越趋于良好。

4. 结论

通过利用 A 股市场 2016 年全年、2015 年到 2016 全年、2012 年到 2016 年全年在市的 3000 多只股票 244 个、488 个、1213 个交易日的开盘价数据,对整个股票市场符合要求的股票收益率序列做了 ARCH 效应的检测。结果显示:

(1) 我国股市普遍存在 ARCH 效应。

(2) 横向逐年比较下,发现上证市场的 ARCH 效应要明显强于深证市场,也说明了 ARCH 模型对于实际股票市场的波动率序列建模是有效的。

(3) 在 ARCH 效应检验的基础上构建的 GARCH(1,1) 模型,考虑参数显著性和残差相关性情况下,发现模型对于上证市场和深证市场个股收益率序列有着较好的拟合度。

(4) 在跨市场的对比下发现模型在上证市场的拟合程度要好于深证市场。

(5) 在跨年度的对比下发现,无论上证市场还是深证市场 GARCH(1,1) 模型的拟合效果会随着数据量的增加而变优。从以上的实证研究中的统计数据来看,进一步验证了 GARCH(1,1) 模型的简单实用性。

代码如下:

```r
sc= "sh"
path= paste("D:\\TGARCH\\",sc,"\\",sep= "");
library("zoo")
library("FinTS")
library("fBasics")
library("fGarch")
library("deSolve")
library("tseriesChaos")

filename= list.files(path,".csv");# 读取数据
ll= length(filename);
year_exist= matrix(1,ll,3);# 检验股票代码是否存在一年数据。第一列记录股票代码,第二列标记是否一年数据 0- 1
                # 第三列记录所取的数据量,多少天;
result= matrix(0,ll,8);# 是否存在 ARCH 效应;残差值;残差检验的 0- 1 值
for(i in 1:ll)
{
  filepath= paste(path,filename[i],sep= "");
  data1= read.csv(filepath,header = F);
  year_exist[i,1]= unlist(strsplit(filename[i],"_"))[1];# 获取股票代码
  # liehsu= ncol(data1);
  # if(liehsu< 3)
  # {
    # year_exist[i,2]= 2;
    # year_exist[i,3]= 2;
    # next;
  # }
  tm= as.character(data1[,3]);
  tm= gsub("","",tm);
  tm= gsub(":","",tm);
  tm= gsub("- ","",tm);
  tm= substring(tm,1,4);
  weizhi= which(tm= = "2016" | tm= = "2015" | tm = = "2014" | tm = = "2013" | tm = = "2012"|tm= = "2011" | tm= = "2010" | tm = = "2009" | tm = = "2008" | tm= = "2007");
  if(length(weizhi)= = 0)# 数据是否存在
```

第3章 资产波动率及其模型

```
{
  year_exist[i,2]= 0;
  year_exist[i,3]= 0;
  next;
}
year_exist[i,3]= length(weizhi);# 计算所取的数据量
# year_exist[i,3]= nrow(data1);
if(as.numeric(year_exist[i,3])> 1000)
{
  data= data1[weizhi,];
  # data= data1;
  l= nrow(data);
  openprice= as.matrix(data[,7]);# 收盘价
  # 对数收益率
  log_return= matrix(nrow = l- 1,ncol = 1);
  for(j in 1:(l- 1))
  {
    log_return[j]= log(openprice[j+ 1])- log(openprice[j]);
  }
  gupiao= ts(log_return,frequency = 250,start= c(2011,1,13));# 对数
  # plot(gupiao);
  re= gupiao;
  AT= ArchTest(re) ;# 如果 p.value< 0.05 说明残差序列有 ARCH 效应。
  xgx= acf(re);
  sum1= length(which(xgxMYMacf> 0.1))- 1;# 自相关性的阶数量
  result[i,1]= sum1;
  result[i,2]= ATMYM p.value;

  if(ATMYMp.value< 0.05)
  {
    result[i,3]= 1;
  }
  BT= Box.test(re,7,"Ljung") ;# 如果 p.value> 0.05 说明原序列相互独立
  fit< - garchFit( ~ garch(1,1), data = re,include.mean= 0);
  jsjy= data.frame(fit@ fitMYMmatcoef);# 各假设检验的显著性水平
```

```
    if(is.null(jsjy[1,4]))
    {
      bcz1= i;
      baz= rbind(bcz,bcz1);
      next;
    }
  result[i,4]= jsjy[1,4];
  result[i,5]= jsjy[2,4];
  result[i,6]= jsjy[3,4];
  stresi= residuals(fit,standardize= T) ;# # # 提取残差序列
  bt= Box.test(stresi,7,type = "Ljung");
  result[i,7]= btMYM p.value;
  if(btMYM p.value> 0.05)
  {
    result[i,8]= 1;
  }
  # e_garch= garchFit( ~ garch(1,1), data = re,include.mean= 0);
}
Result= cbind(year_exist,result);
colnames(Result)= c("股票代码","是否有数据","数据量","相关的阶数量","ArchTest_p值","是否有ARCH效应","omega显著","alpha显著","beta1显著","残差Boxtest_p值","残差独立")
  name= paste("D:\\TGARCH\\result\\",sc,"_garch(1,1)_10_year",".csv",sep= "");
  write.table(Result,file= name,sep= ',',qmethod= c("escape"),col.names= T,row.names= F);
}
```

3.4 基于 Egarch 模型的我国股票市场杠杆效应研究

趋利避害是人类行为的主要动机之一,这种现象在金融市场中表现得尤为明显,投资者对于利害的权衡是不均衡的,金融市场的负面信息更容易对投资者产生影响。投资者的心理因素作

用在股票市场收益率序列上表现为过去的干扰项不对称地影响着未来的干扰项,同样大小的利空消息比利好消息的影响要大。

在我国,投资者往往将股票市场冠以"投机市""消息市"和"政策市",说明外部市场信息对国内股票市场的影响是十分巨大的。许多研究表明,杠杆效应在我国股票市场普遍存在,但多数学者在进行研究时,由于计算技术方面的限制,往往选取代表性的上证综指或深证综指作为研究对象,这样会造成一定的局限。R 软件的编程实现功能能够帮助做大规模的数据处理,因此本节的思路是通过对全市场数据拟合 EGARCH 模型来判断我国股票市场的杠杆效应。

1. 数据描述

本节选取上海证券交易中心和深圳证券交易中心的股票为研究对象,样本数据分别选取时间跨度为 2007 年到 2016 年的在市的 3000 多只股票 2386 个交易日的收盘价。考虑到股票市场存在的停牌现象,为了保证数据本身的连续性和可靠性,样本数据剔除了存在较长交易间隔的部分。同时考虑到在拟合的 EGARCH(1,1) 模型的残差序列做混成检验时,检验统计量 $Q(m)$ 渐进服从自由度为 m 的 χ^2 分布,m 的取值会影响检验的功效,从大量的模拟表明 $m \approx \ln(T)$ 时效果较好,其中 T 为样本数据量。出于以上原因,选择交易天数大于等于 1000 的股票为研究对象。因此,在上证市场包含有效数据量的股票为 937 只,而在深证市场包含有效数据的股票为 1449 只,取这些股票的对数收益率序列为研究样本数据。

2. 模型选取

ARCH 模型:即条件异方差模型,目标是对波动率序列进行建模,反映出波动率序列的聚集效应。

EGARCH 模型:EGARCH 模型能够体现出正的和负的资产收益率的非对称性,通过模型的表达式可以看到,正的 a_{t-i} 对对数

波动率的贡献为 $\alpha_i(1+\gamma_i)|\varepsilon_{t-i}|$，而负的 a_{t-i} 对对数波动率的贡献为 $\alpha_i(1-\gamma_i)|\varepsilon_{t-i}|$，其中 $\varepsilon_{t-i}=a_{t-i}/\sigma_{t-i}$，参数 γ_i 表示 a_{t-i} 的杠杆效应。

3. EGARCH(1,1)模型在上海、深圳股票市场的实证检验

1) ARCH 效应检验

首先对股票的对数收益率序列做 ARCH 效应检验。通常情况下，多数研究者在对单只股票或指数的收益率序列拟合 ARCH 类模型时，第一步会对收益率序列做一个描述性的统计分析，在统计图上，具有 ARCH 效应的序列往往伴随着波动率的聚集和尖峰厚尾的特性，这里由于股票的个数太多，不便一一描述。

关于 ARCH 效应的检验方法通常有两种思路，一种是残差平方相关图检验法；另一种是拉格朗日乘数法（ARCH_LM）检验法，这里我们用到的是第二种。

ARCH_LM 检验原假设是时间序列的残差从 1 阶到 m 阶都不具有 ARCH 效应，在 5% 的显著性水平下，当检验 p 值小于 0.05 时认为拒绝原假设（R 语言中，当检验 p 值非常小时会用 0 来代替 p 值，表 3-5 中部分 p 值显示为 0，实际值并不为 0），即该序列存在 ARCH 效应，为了使检验结果可以更加直观地观察到，在表 3-5"是否有 ARCH 效应"一栏，以 1 来表示存在 ARCH 效应，以 0 表示不存在 ARCH 效应。

根据 ARCH_LM 的检验结果来看，检验到在 2007～2016 年，上证市场具有 ARCH 效应的股票为 534 只，占有效数据的比值为 56.99%。深证市场上具有 ARCH 为 367 只，占比为 25.32%。以上 ARCH 效应的检验结果表明，针对这些具有 ARCH 效应的股票序列构建 GARCH(1,1)模型是可行的。

第 3 章 资产波动率及其模型

表 3-5 上证市场、深证市场股票 ARCH 效应部分检验结果

股票代码	是否有数据	数据量	Arch Test_p 值	是否有 ARCH 效应	股票代码	是否有数据	数据量	Arch Test_p 值	是否有 ARCH 效应
600000	1	2381	0.3297001	0	000001	1	2321	0.9605067	0
600004	1	2424	0	1	000002	1	2272	0.0937289	0
600005	1	2306	0	1	000004	1	2208	0	1
600006	1	2369	0	1	000005	1	2045	0	1
600007	1	2423	0	1	000006	1	2401	0.8681263	0
600008	1	2403	0.9999818	0	000007	1	2002	0	1
600009	1	2425	0	1	000008	1	2153	0.9999998	0
600010	1	2359	0.9999968	0	000009	1	2265	0.0074860	1
600011	1	2408	0	1	000010	1	1496	1	0
600012	1	2423	0	1	000011	1	2343	0	1
600015	1	2402	0.0015177	1	000012	1	2374	0.8601406	0
600016	1	2411	3.47E-12	1	000014	1	2346	0.0090990	1
600017	1	2392	0.9869671	0	000016	1	2327	0.9672755	0
600018	1	2361	0	1	000017	1	1342	0	1
600019	1	2343	0	1	000018	1	2308	0.9999999	0
600020	1	2408	0	1	000019	1	2239	0	1
600021	1	2303	0	1	000020	1	2055	0	1
600022	1	2226	0.3389686	0	000021	1	2386	1.11E-16	1
600023	1	742	0	0	000022	1	2296	0	1
600026	1	2320	0	1	000023	1	2120	0	1
600027	1	2411	0	1	000024	1	1973	0.3994473	0

2) GARCH(1,1) 模型拟合

在前面 ARCH 效应检验的基础上,构建了 GARCH(1,1) 模型,为了严格地验证模型的拟合效果,本节除在对残差序列做混成检验(混成检验的目的在于检验拟合模型后的残差序列是否存在自相关性)外,还在 0.05 显著性的水平下,检验各项参数的显著程度。

首先,用 R 软件对参数项做显著性检验,并列出各项的显著性水平,当 p 值平均值小于 0.05 时代表参数是显著的,即参数项拟合效果较好。其次，对模型的残差序列做滞后 5 阶的混成检验，检验残差序列是否存在自相关性。为使结果更加直观，在 0.05 显著性水平下，当 p 值小于 0.05 时记为 0，即残差序列仍存在自相关性。p 值大于 0.05 时返回值标记为 1，即可以认为模型的残差序列不存在自相关性。

表 3-6 分列出一部分收益率序列的参数显著值、残差检验 p 值，以此为标准来衡量模型的拟合效果，当参数项显著且残差序列不存在明显的自相关性时，认为 GARCH(1,1) 模型能够有效拟合波动率序列。

表 3-6　部分股票 GARCH(1,1) 模型拟合效果

股票代码	是否有数据	数据量	Arch Test_p 值	是否有 ARCH 效应	omega 显著	alpha 显著	beta 显著	残差 Boxtest_p 值	残差独立
600000	1	2381	0.329700192	0	1.30E-12	0	0	0.103193075	1
600004	1	2424	0	1	0.000111502	8.33E-14	0	0.005727031	0
600005	1	2306	0	1	0.005810295	9.73E-14	0	0.255921637	1
600006	1	2369	0	1	0.000112524	1.80E-10	0	0.003524586	0
600007	1	2423	0	1	0.001886449	1.55E-10	0	0.039740507	0
600008	1	2403	0.999981809	0	1.41E-09	4.32E-12	0	0.047312967	0
600009	1	2425	0	1	0.012265715	0	0	0.097313955	1
600010	1	2359	0.999996831	0	6.63E-06	0	0	0.44031468	1
600011	1	2408	0	1	3.33E-05	3.04E-14	0	0.509505768	1
600012	1	2423	0	1	8.49E-07	1.52E-11	0	0.068567875	1
600015	1	2402	0.001517758	1	8.75E-06	0	0	0.305458272	1
000001	1	2321	0.960506776	0	1.02E-10	1.85E-11	0	0.959411175	1
000002	1	2272	0.093728915	0	0.00035425	7.11E-14	0	0.057697308	1
000004	1	2208	0	1	7.76E-05	5.06E-08	0	9.29E-06	0
000005	1	2045	0	1	0.00310612	3.11E-09	0	3.64E-05	0
000006	1	2401	0.868126337	0	1.61E-07	0	0	0.036181228	0
000007	1	2002	0	1	0.00178914	2.39E-10	0	1.94E-06	0
000008	1	2153	0.999999828	0	0.204111178	0	0	0.001811984	0
000009	1	2265	0.00748607	1	0.008989418	0.000805621	0	0.553106919	1
000010	1	1496	1	0	1.21E-07	0	0	0.116206972	1
000011	1	2343	0	1	0.011824777	1.90E-07	0	2.62E-07	0
000012	1	2374	0.860140699	0	0.000895924	1.55E-15	0	0.576060196	1
000014	1	2346	0.009099094	1	0.010328858	6.33E-13	0	0.008096558	0
000016	1	2327	0.967275516	0	0.376264021	0	0	0.430185035	1

从统计到的拟合效果来看,在上证市场 534 只具有 ARCH 效应的股票中,GARCH(1,1)模型有效拟合了 457 只股票,占有效数据量比值为 48.77%,在深证市场 GARCH(1,1)模型有效拟合了 273 只,占有效数据量的比值为 18.84%。从以上的拟合结果可以看出 GARCH(1,1)模型有着不错的拟合效果,接着对有效拟合 GARCH(1,1)模型的序列构建 EGARCH(1,1)模型。

3) EGARCH(1,1)模型实证检验

众多的研究显示低阶 EGARCH(1,1)模型能够有效地反映股票市场的杠杆效应,因此本节选用 EGARCH(1,1)模型来做拟合。

在 EGARCH(1,1)模型中,正的 a_{t-1} 对对数波动率的贡献为 $\alpha_1(1+\gamma_1)|\varepsilon_{t-1}|$,而负的 a_{t-1} 对对数波动率的贡献为 $\alpha_1(1-\gamma_1)|\varepsilon_{t-1}|$。$\gamma$ 值的正负反映了对收益率序列的影响程度。当 γ 的值为负时,说明负面外部冲击对股票价格的影响大于正面外部冲击的影响。表 3-7 分别列出上证市场和深证市场部分 EGARCH(1,1)模型拟合的 γ 值。

表 3-7 上证市场和深证市场部分股票 EGARCH(1,1)模型拟合的 γ 值

股票代码	gamma 值	股票代码	gamma 值
300196	−0.999266278	600381	−0.881452532
002582	−0.968874512	600461	−0.610407063
002368	−0.777048141	600486	−0.591809476
002558	−0.65435814	600765	−0.55691153
002309	−0.648515578	600782	−0.472519436
300221	−0.6453093	600176	−0.398764402
300256	−0.630675036	601231	−0.383016018
002082	−0.614743487	600116	−0.367756865
002516	−0.603044988	600449	−0.332891223
300234	−0.588850293	600777	−0.297860279

续表

股票代码	gamma 值	股票代码	gamma 值
002118	−0.585509356	600243	−0.293749693
000887	−0.580735918	601801	−0.285440168
002074	−0.578167762	600795	−0.271375156
300034	−0.516803521	600967	−0.266824582
002630	−0.511622458	600988	−0.246832715
300218	−0.511592562	600366	−0.238093986
002449	−0.503420281	600369	−0.237181072
002037	−0.493720303	600308	−0.222518114
002570	−0.480416033	600527	−0.222229779
002401	−0.458548074	600563	−0.218521968
002244	−0.447605571	600114	−0.215862676
300040	−0.444896634	600301	−0.214302981
002659	−0.44333203	600490	−0.213515385
000716	−0.442194166	601601	−0.212637451
000552	−0.440474766	600971	−0.21151494
000538	−0.437529716	600460	−0.211414065

从拟合的效果来看,在上证市场共存在120只股票收益率序列的EGARCH(1,1)模型的γ拟合值为负,并较为显著。在深证市场共141只股票符合这种状况。两者分别占具有ARCH效应的股票的比例为22.59%和38.42%。因此可以看出,在我国股票市场,杠杆效应是存在的,并且负面信息比正面信息的影响要更大一些。

为了进一步研究上证和深证市场上共计261只具有杠杆效应的股票分布情况,对其进行分类,以沪深300所包含的股票表示大盘股,以中证500所包含的股票表示小盘股,剩余的近2100多只股票以其他表示,来统计利空消息对A股市场不同规模上市公司的影响程度(图3-3)。

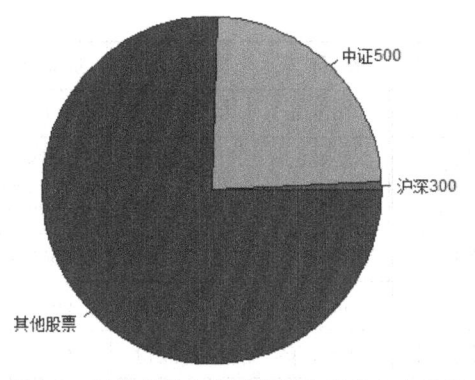

图 3-3 杠杆效应在我国股票市场的分布状况

从图 3-3 可以直观的看出,杠杆效应在中小上市公司的收益率序列上表现得最为明显。通过分类发现沪深 300 成分股里面只有两只股票具有杠杆效应,具体为振华科技和沈阳化工;在中证 500 成分股中有 62 只股票具有杠杆效应,具体股票名称如表 3-8 所示;剩余 197 只具有杠杆效应的股票为其他资产规模较小的上市公司,由于数目较多就不再一一给出。

表 3-8　62 只具有杠杆效应的中证 500 成分股

股票代码	股票名称	股票代码	股票名称	股票代码	股票名称
000566	海南海药	000030	富奥股份	600551	时代出版
002480	新筑股份	000860	顺鑫农业	600521	华海药业
002368	太极股份	000620	新华联	603766	隆鑫通用
002309	中利科技	000962	东方钽业	600162	香江控股
002118	紫鑫药业	0002482	广田股份	603077	和邦股份
000887	中鼎股份	000021	深科技	600392	盛和资源
0002244	滨江集团	000823	超声电子	600820	隧道股份
000552	靖远煤电	000718	苏宁环球	600333	长春燃气
002025	航天电器	000028	国药一致	601666	平煤股份

续表

股票代码	股票名称	股票代码	股票名称	股票代码	股票名称
002005	德豪润达	600765	中航重机	600176	中国巨石
002028	思源电气	600702	沱牌舍得	601801	皖新传媒
000418	小天鹅A	600409	三友化工	600967	北方创业
002490	山东墨龙	600171	上海贝岭	600366	宁波韵升
000830	鲁西化工	600175	美都能源	600563	法拉电子
000685	中山公用	600770	综艺股份	600490	鹏欣资源
000680	山推股份	600197	伊力特	600971	恒源煤电
000988	华工科技	600835	上海机电	600460	士兰微
002672	东江环保	601002	晋亿实业	600580	卧龙电气
000927	一汽夏利	600757	长江传媒	600812	华北制药
002128	露天煤业	600401	海润光伏	600426	华鲁恒升
002204	大连重工	600805	悦达投资		

3. 结论

通过对上证市场和深证市场2007年到2016年的在市的2000多只股票2386个交易日的收盘价的对数收益率数据做ARCH效应的检测，得到以下结论：

(1)发现在上证市场有534只股票具有ARCH效应，在深证市场有367只股票存在ARCH效应，并使用GARCH(1,1)模型分别有效拟合了457只和273只股票。最后对有效拟合GARCH(1,1)模型的730只股票进一步拟合EGARCH(1,1)模型，发现具有杠杆效应的有261只股票，验证了之前多数学者通过研究股市指数而得出来的结论。

(2)在对存在杠杆效应的股票收益率序列进行分类后发现，杠杆效应普遍存在于我国中小上市公司。相比较于大型上市公司，中小上市公司更容易受到外部负面信息的影响。主要原因在于中小上市公司由于自身实力较弱、规模较小和风险管控能力较差,更容易受到外部信息的冲击,导致股价的波动。同时,也正因为这种波动的活跃性,中小上市公司的股票被多数散户和持短线交易者所青睐。当负面信息来袭时,这些投资者容易因恐慌情绪而抛售,加剧了股票价格的下跌,因此在收益率序列上面表现为杠杆效应。

代码如下:

```
sc= "sh"
path= paste("D:\\EGARCH\\",sc,"\\",sep= "");
library("zoo")
library("FinTS")
library("fBasics")
library("fGarch")
library("deSolve")
library("tseriesChaos")
library("rugarch")
source('D:/TGARCH/EGARCH.r')
bcz= NULL;
filename= list.files(path,".csv");# 读取数据
ll= length(filename);
year_exist= matrix(1,ll,3);# 检验股票代码是否存在一年数据。第一列记录股票代码,第二列标记是否一年数据 0- 1
                # 第三列记录所取的数据量,多少天;
result= matrix(0,ll,11);# 是否存在 ARCH 效应;残差值;残差检验的 0- 1 值
yichang= NULL;
for(i in 1:ll)
{
  filepath= paste(path,filename[i],sep= "");
  data1= read.csv(filepath,header = F);
  year_exist[i,1]= unlist(strsplit(filename[i],"_"))[1];# 获取股票代码
  # liehsu= ncol(data1);
  # if(liehsu< 3)
  # {
    # year_exist[i,2]= 2;
    # year_exist[i,3]= 2;
```

```
    # next;
# }
    tm= as.character(data1[,3]);
    tm= gsub("","",tm);
    tm= gsub(":","",tm);
    tm= gsub("- ","",tm);
    tm= substring(tm,1,4);
    # weizhi= which(tm= = "2016" | tm= = "2015" | tm= = "2014" | tm= = "2013" | tm= = "2012"|tm= = "2011" | tm= = "2010" | tm= = "2009" | tm= = "2008" | tm= = "2007");
    weizhi= which(tm= = "2016" | tm= = "2015" | tm= = "2014" | tm= = "2013" | tm= = "2012"|tm= = "2011" | tm= = "2010" | tm= = "2009" | tm= = "2008" | tm= = "2007")
    if(length(weizhi)= = 0)# 数据是否存在
    {
      year_exist[i,2]= 0;
      year_exist[i,3]= 0;
      next;
    }
    year_exist[i,3]= length(weizhi);# 计算所取的数据量
    # year_exist[i,3]= nrow(data1);
    if(as.numeric(year_exist[i,3])> 1000)
    {
      data= data1[weizhi,];
      # data= data1;
      l= nrow(data);
      openprice= as.matrix(data[,7]);# 收盘价
      # 对数收益率
      log_return= matrix(nrow = l- 1,ncol = 1);
      for(j in 1:(l- 1))
      {
        log_return[j]= log(openprice[j+ 1])- log(openprice[j]);
      }
      gupiao= ts(log_return,frequency = 250,start= c(2011,1,13));# 对数
      # plot(gupiao);
      re= gupiao;
```

```
AT= ArchTest(re) ;# 如果 p.value< 0.05 说明残差序列有 arch 效应。
xgx= acf(re);
sum1= length(which(xgxMYMacf> 0.1))- 1;# 自相关性的阶数量
result[i,1]= sum1;
result[i,2]= ATMYMp.value;
if(ATMYMp.value< 0.05)
{
  result[i,3]= 1;
}
BT= Box.test(re,7,"Ljung") ;# 如果 p.value> 0.05 说明原序列相互独
立 tf= tryCatch({m1= Egarch(re);bool11= 0},error= function(e){
    cat("ERROR :",conditionMessage(e),"\n")
  print(- 99999)
})
if(tf= = - 99999)
{
  yc= year_exist[i,1];
  yichang= rbind(yichang,yc);
  next;
}
m1= Egarch(re);
jsjy= m1MYMtratio;# 各项 t 检验值
# if(is.null(jsjy[1,4]))
# {
#   bcz1= i;
#   baz= rbind(bcz,bcz1);
#   next;
# }
# for(x in 1:5)
# {
#   if(jsjy[x]= = "NaN")
#   {
#     jsjy[x]= "nan";
#   }
# }
result[i,4]= as.character(jsjy[1]); # u 值
result[i,5]= (jsjy[2]); # omega
```

```
result[i,6]= (jsjy[3]);# alpha t 检验
result[i,7]= (jsjy[4]); # gamma 检验值
result[i,8]= (jsjy[5]); # beta 检验值
result[i,9]= m1MYMestimates[4]    # gamma 值
stresi= m1MYMresiduals ;# # 提取残差序列
bt= Box.test(stresi,7,type = "Ljung");
result[i,10]= btMYMp.value;
if(btMYMp.value> 0.05)
{
  result[i,11]= 1;
}
# e_garch= garchFit( ~ garch(1,1), data = re,include.mean= 0);
}
Result= cbind(year_exist,result);
colnames(Result)= c("股票代码","是否有数据","数据量","相关的阶数量","ArchTest_p 值","是否有 ARCH 效应","u 检验值","omega 检验值","alpha 检验值","gamma 检验值","beta 检验值","gamma 值","残差 Boxtest_p 值","残差独立")
name= paste("D:\\EGARCH\\result\\",sc,"_new- result_10- _year",".csv",sep= ""); write.table(Result,file= name,sep= ',',qmethod= c("escape"),col.names= T,row.names= F);
}
```

3.5 基于 GARCH-M 模型的外汇市场风险与收益之间的关系分析

风险溢价是金融经济学的一个核心概念,对它的有效度量直接影响着资产定价、投资分析和风险管理等金融市场活动。风险溢价的水平可以直观地反映金融市场带给投资者的风险回报,对投资者的投资决策具有指导意义。尤其是在中国,金融市场变化日新月异,各种金融衍生品不断出现,金融市场风险变得越来越难以捉摸。研究风险溢价的水平可以帮助我们更好地了解市场的微观结构以及金融资产的流动性等问题,从宏观上把握市场的

走势。

早期的资本资产定价理论认为风险承担者应该承受相应的风险回报,这是风险溢价研究的理论基础。当前,在对波动率进行风险溢价研究时 GARCH-M 模型是一个比较简便有效的工具。因此本节将会以 GARCH-M 模型为基础,对我国外汇市场进行风险与收益的分析。

众所周知,汇率均衡对于货币当局有效地管理汇率有至关重要的意义,是判断实际汇率水平是否失调的主要客观依据。因此本节以 2011 年 1 月 4 日到 2016 年 12 月 31 日美元对人民币汇率数据作为样本数据,构建 GARCH-M 模型来研究外汇市场风险与收益之间的关系。

1. 数据选择

本节选取 2011 年 1 月 4 日到 2016 年 12 月 31 日美元对人民币汇率的数据作为样本数据,剔除节假日,共计样本 1946 个。同之前的分析数据一样,依然将数据转化为对数收益率序列,因此有效纳入后续模型估计的样本数据为 1945 个。

2. GARCH-M 模型

GARCH-M 模型其中的"M"表示收益率的条件均值为 GARCH(GARCH in mean)。关于 GARCH-M 模型的表达形式,以 GARCH(1,1)-M 来说明,其模型形式为

$$r_t = \mu + c\sigma_t^2 + a_t, a_t = \sigma_t \varepsilon_t$$
$$\sigma_t^2 = \alpha_0 + \alpha_1 a_{t-1}^2 + \beta_1 \sigma_{t-1}^2$$

其中,μ 和 c 是常数,参数 c 叫作风险溢价参数。当 c 为正值时意味着收益率与它过去的波动率正相关,代表着由于承担风险而获得的报酬。

3. 实证分析

1) 数据的统计性描述

人民币汇率的对数收益率序列变化趋势图如图 3-4 所示,可以看到收益率序列有着较大的波动性,并存在着波动率聚集现象。

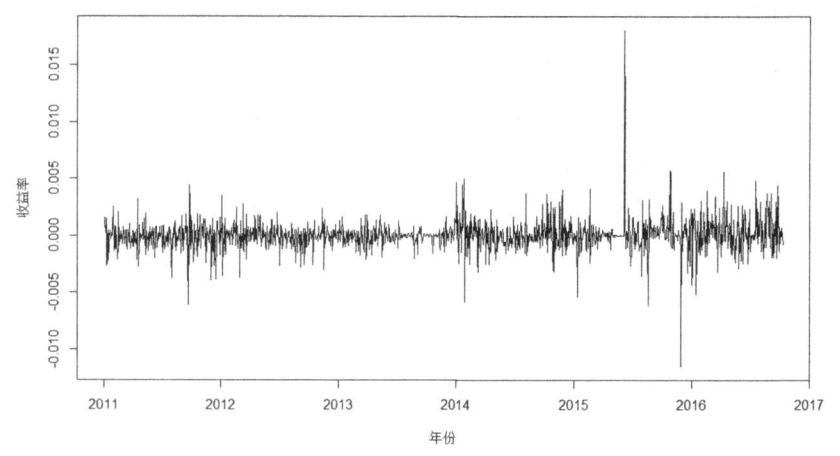

图 3-4 人民币对数收益率序列图

表 3-9 给出了对数收益率序列的描述性统计量,这些统计量说明人民币对数收益率序列表现出尖峰厚尾性。具体来说,其偏度为 1.600543,峰度为 29.020492。在对其进行 Jarque-Berazp 检验后,检验结果的 p 值为 2.2E-16,即拒绝原假设,认为数据并不服从正态分布。

表 3-9 人民币汇率对数收益率描述性基本统计

	均值	标准差	偏度	峰度	Jarque-Berazp 值
人民币汇率对数收益率	0.000035	0.001351	1.600543	29.020492	2.2E-16

2)汇率序列的 GARCH-M 模型分析

要对人民汇率构建 GARCH-M 模型还需要进一步地进行 ARCH 效应的检测,ARCH 效应检验的原假设是不存在 ARCH 效应,在本节检验中发现检验的 p 值为 2.875E-14,拒绝原假设,即说明人民币的对数收益率序列存在着较为严重的 ARCH 效应,也说明了在后续构建 GARCH-M 模型是合理的。

下面采用 GARCH-M 模型来分析外汇市场风险与收益之间的关系,估计的结果如表 3-10 所示。

表 3-10　GARCH-M 模型估计结果

	μ	c	α_0	α_1	β_1
系数	−0.000446	0.507958	0	0.068603	0.908625
统计量	−3.652262	3.449114	0.026146	33.370691	0.001187
p 值	0.000260	0.000562	0.979141	0.000000	0.000000

从估计的结果来看,除系数 α_0 外,其他各项的系数均是比较显著的。观察到系数项 c 为 0.507958,大于 0,较小的 p 值表明显著性较高,说明存在正的风险溢价,波动较大的时候汇率的溢价也高,这也证实了高风险高收益的思想。表明当市场风险增加一个单位时,就会导致预期收益相应地增加 0.507958 个单位。

4. 结论

本节通过 GARCH-M 模型研究了 2011 年 1 月 4 日到 2016 年 12 月 31 日美元对人民币汇率的变动情况,发现人民币收益率序列具有波动聚集的特征,具体来讲,较大的波动后紧接着较大的波动,在较小的波动后紧接着较小的波动,波动率会随时间的变化出现连续偏高或偏低的情况。

GARCH-M 模型估计结果显示人民币汇率市场的收益率与风险是同向变动的,高风险要求高收益,说明投资者对市场关注程度较高,信息传递较快,随着风险的变化,会对收益率产生一定的影响。

5. 部分数据(表 3-11)与代码

表 3-11　相关数据

日期	收盘价(元)	日期	收盘价(元)	日期	收盘价(元)	日期	收盘价(元)
2011/01/04	6.6088	2012/07/09	6.3714	2014/01/09	6.055	2015/07/08	6.2094
2011/01/05	6.619	2012/07/10	6.3659	2014/01/10	6.0521	2015/07/09	6.2088
2011/01/06	6.6265	2012/07/11	6.3686	2014/01/13	6.0434	2015/07/10	6.2092
2011/01/07	6.628	2012/07/12	6.3733	2014/01/14	6.0412	2015/07/13	6.2084

续表

日期	收盘价（元）	日期	收盘价（元）	日期	收盘价（元）	日期	收盘价（元）
2011/01/10	6.6377	2012/07/13	6.3789	2014/01/15	6.046	2015/07/14	6.2089
2011/01/11	6.62	2012/07/16	6.3787	2014/01/16	6.0557	2015/07/15	6.2092
2011/01/12	6.6038	2012/07/17	6.3729	2014/01/17	6.0502	2015/07/16	6.2095
2011/01/13	6.6046	2012/07/18	6.3702	2014/01/20	6.0527	2015/07/17	6.2095
2011/01/14	6.59	2012/07/19	6.3734	2014/01/21	6.0505	2015/07/20	6.2097
2011/01/17	6.593	2012/07/20	6.3735	2014/01/22	6.0513	2015/07/21	6.2096
2011/01/18	6.5829	2012/07/23	6.3864	2014/01/23	6.0517	2015/07/22	6.2095
2011/01/19	6.5824	2012/07/24	6.3858	2014/01/24	6.0488	2015/07/23	6.2095
2011/01/20	6.5854	2012/07/25	6.3885	2014/01/27	6.048	2015/07/24	6.2095
2011/01/21	6.5833	2012/07/26	6.3841	2014/01/28	6.0508	2015/07/27	6.2095
2011/01/24	6.5813	2012/07/27	6.3807	2014/01/29	6.0553	2015/07/28	6.2094
2011/01/25	6.5827	2012/07/30	6.3794	2014/01/30	6.06	2015/07/29	6.2091
2011/01/26	6.5819	2012/07/31	6.3627	2014/02/07	6.0634	2015/07/30	6.2096
2011/01/27	6.582	2012/08/01	6.3685	2014/02/10	6.0593	2015/07/31	6.2097
2011/01/28	6.586	2012/08/02	6.3674	2014/02/11	6.0606	2015/08/03	6.2097
2011/01/31	6.603	2012/08/03	6.3727	2014/02/12	6.0624	2015/08/04	6.2096
2011/02/01	6.5938	2012/08/06	6.3742	2014/02/13	6.0636	2015/08/05	6.2096
2011/02/09	6.5938	2012/08/07	6.3664	2014/02/14	6.0668	2015/08/06	6.2097
2011/02/10	6.5865	2012/08/08	6.3615	2014/02/17	6.0641	2015/08/07	6.2097
2011/02/11	6.5919	2012/08/09	6.359	2014/02/18	6.0673	2015/08/10	6.2097
2011/02/14	6.5966	2012/08/10	6.36	2014/02/19	6.0764	2015/08/11	6.3231
2011/02/15	6.5885	2012/08/13	6.3598	2014/02/20	6.0834	2015/08/12	6.387
……	……	……	……	……	……	……	……
2012/06/25	6.3633	2013/12/25	6.0714	2015/06/24	6.2071	2016/12/19	6.945
2012/06/26	6.3629	2013/12/26	6.0746	2015/06/25	6.2094	2016/12/20	6.9509
2012/06/27	6.3554	2013/12/27	6.0686	2015/06/26	6.209	2016/12/21	6.9512
2012/06/28	6.3575	2013/12/30	6.0618	2015/06/29	6.2087	2016/12/22	6.9466
2012/06/29	6.3541	2013/12/31	6.0539	2015/06/30	6.201	2016/12/23	6.9494
2012/07/02	6.3488	2014/01/02	6.0506	2015/07/01	6.2011	2016/12/26	6.9497
2012/07/03	6.3523	2014/01/03	6.0515	2015/07/02	6.2049	2016/12/27	6.9498
2012/07/04	6.3477	2014/01/06	6.0526	2015/07/03	6.2057	2016/12/28	6.9549

续表

日期	收盘价（元）	日期	收盘价（元）	日期	收盘价（元）	日期	收盘价（元）
2012/07/05	6.3559	2014/01/07	6.0512	2015/07/06	6.2092	2016/12/29	6.9547
2012/07/06	6.3649	2014/01/08	6.0512	2015/07/07	6.21	2016/12/30	6.9495

代码如下：

```
t= c(1:1455)/252+ 2011
plot(t,data,xlab= '年份',ylab= '收益率',type= 'l')
library(fBasics)              # 用于描述基本统计量
basicStats(data)              # 计算基本统计量
ArchTest(data) # ARCH 效应检验
# GARCHM 模型各项设置
GARCHM.spec= ugarchspec(variance.model= list(model= 'fGARCH',
garchOrder= c(1,1),submodel= 'GARCH'),mean.model= list(armaOrder= c
(0,0),include.mean= TRUE,archm= TRUE),distribution.model = 'norm')
garchm.fit= ugarchfit(GARCHM.spec,data= data)
garchm.fit
```

3.6 基于 GARCH(1,1) 模型的最小方差投资组合

组合资产投资是将财富按照不同的权重比例分配到不同的金融资产上，利用金融资产之间的关联性，达到降低投资风险的目标。1952 年，美国人马科维茨发表了一篇名为《资产选择：资产的有效分散化》的论文，开创了金融资产定量分析的先河。在文中，他创造性地用投资组合的期望收益率 μ 表示投资者的期望收益，用组合的标准差 σ 表示投资者面临的风险。这是金融史上的一次伟大的革新，这个崭新的理论让人们对证券市场收益和风险的研究有了新的思路。在这之后，众多的经济学者们在马科维茨的工作基础上，不断完善和改进投资组合理论，发展出了多种多样的在国外市场的实践中行之有效的投资策略。

本节所使用到的资产组合方法是来自马科维茨 1959 年提出

的均值-方差分析,为了进一步简化分析,单单考虑了最小方差模型。所谓最小方差组合即是投资者投资时会选择使股票组合的方差最小的投资组合,以寻求风险最小化。最小方差组合的基本思想是,选择一个权重,使得在该权重下投资组合的方差达到最小化。

同时本节在引入最小方差投资组合中会引入 GARCH 模型。从前面的文章可以了解到 GARCH 模型在对存在条件异方差特性的收益率序列的拟合和估计有着巨大的优势。事实上 GARCH 模型在波动率期现结构、期权定价和对冲以及投资组合分析都有广泛的应用。GARCH 模型可以同时研究资产收益率中随时间变化的方差和协方差。本节将会在传统的最小方差投资组合研究的基础上,利用 GARCH 模型在投资组合选择中估计资产收益率随时间变化的协方差。

1. 数据描述

本节选用贵州茅台、青岛啤酒、上汽集团、中国船舶、中国联通和中国石化 6 家公司 2006 年 1 月 4 日到 2016 年 12 月 30 日的股票日间收盘价数据,在对样本数据进行初步的筛选,剔除存在数据缺失的天数后,共得到 2587×6 的收盘价数据。同之前的数据格式一样,在后续的实际计算中采用的是对数收益率序列。

2. 模型简介

1) 最小方差投资组合

组合收益方差:假设组合中有 k 个风险资产,组合收益的标准误差作为风险测量,假设这 k 个资产的收益为 $r_t = \{r_{1t}, \cdots, r_{kt}\}'$,$r_t$ 的协方差矩阵为 V_t,组合的权重记为 $w_t = \{w_{1t}, \cdots, w_{kt}\}'$。权重是投资组合中各项资产所占的百分比。则组合收益为 $w_t' r_t$,组合收益的方差为 $w_t' V_t w_t$。最小方差组合的思想是,选择一个权重 w_t,使得权重为下面方程的解:

$$\min_w w' V_t w \quad \sum_{i=1}^{k} w_i = 1$$

投资者在得到最小的组合方差后,就可以根据需要对每只股票赋予相应的权重。

2) GARCH(1,1)模型

我们知道 GARCH 族模型是用来刻画 σ_t^2 的演变的,它可以同时研究方差和协方差随时间变化的情况。具体的实现方法为:考虑两个资产收益率序列 x_t 和 y_t,根据统计理论,有

$$Var(x_t+y_t)=Var(x_t)+2Cov(x_t,y_t)+Var(y_t)$$
$$Var(x_t-y_t)=Var(x_t)-2Cov(x_t,y_t)+Var(y_t)$$

因此,可以得到

$$Cov(x_t,y_t)=\frac{Var(x_t+y_t)-Var(x_t-y_t)}{4} \qquad (3-1)$$

在两个资产收益率 x_t 和 y_t 之间,随时间变化的协方差可以通过 x_t+y_t 和 x_t-y_t 的波动率得到。

假设 $\sigma_{x+y,t}$、$\sigma_{x-y,t}$、$\sigma_{x,t}$ 和 $\sigma_{y,t}$ 分别是 x_t+y_t、x_t-y_t、x_t、y_t 的波动率,根据式(3-1)的恒等关系,可以得到收益率 x_t、y_t 之间随时间变化的相关系数为

$$\rho_t=\frac{\sigma_{x+y,t}^2-\sigma_{x-y,t}^2}{4\sigma_{x,t}\sigma_{y,t}}$$

在本节中,使用 GARCH(1,1)模型来估计单一资产收益率、它们的和与它们的差的 V_t,进而得到最小方差组合,使用该权重计算下一时刻该资产组合的收益,重复上一过程。也就是说,通过估计 V_t 得到一个新的权重,然后每天去重新平衡投资组合。

3. 实证研究

针对传统的最小方差投资组合模型,在体现出其具体的应用环节,将数据分为 4 段,分别对应的时间段为 $t_1=[1:1000]$、$t_2=[1001:2000]$、$t_3=[2001:2586]$ 和 $t_4=[1:2586]$(在取对数收益率序列后,数据量会每列减少 1)。表 3-12 和表 3-13 分别给出了 6 个样本不同周期最小方差组合的权重、各个资产的波动率和投资组合的波动率。

表3-12　6只股票的最小方差组合4个样本周期的组合权重

样本周期 资产	[1:1000]	[1001:2000]	[2001:2586]	[1:2586]
贵州茅台	0.16210366	0.15971527	0.24448310	0.17557900
青岛啤酒	0.20543583	0.23755724	0.22098492	0.22183783
上汽集团	0.12417249	0.11333722	0.15933959	0.13410187
中国船舶	0.09708101	0.07519185	0.04768276	0.07728466
中国联通	0.23127082	0.22136021	0.12272759	0.19667779
中国石化	0.17993620	0.19283822	0.20478203	0.19451884

表3-13　6只股票和股票组合的波动率

样本周期 资产	[1:1000]	[1001:2000]	[2001:2586]	[1:2586]
贵州茅台	0.037 267 94	0.01986626	0.02098564	0.02809339
青岛啤酒	0.030 501 15	0.01638125	0.02164874	0.02387466
上汽集团	0.036 107 28	0.02344073	0.02533292	0.02936469
中国船舶	0.037 579 79	0.02968480	0.03792340	0.03484322
中国联通	0.030 08638	0.01595069	0.03104967	0.02582573
中国石化	0.03220406	0.01779206	0.02211785	0.02518769
最小方差组合	0.01483592	0.00813781	0.009968239	0.01169962

从表3-12和表3-13的统计结果来看，赋予权重的投资组合的波动率均小于单个资产的波动率，即投资组合可以有效地起到降低风险的作用；在不同的样本周期下，各只股票在组合中所占有的权重也是在不断变化的，原因在于不同样本周期，股票的方差也会发生变化。样本方差伴随周期变化会不断发生变化，这也是本节引入GARCH(1,1)模型的原因。

下面的分析中将引入GARCH(1,1)模型。以2015年12月31日为节点，将样本数据分为两段。时间从2006年1月4日到2015年12月31日为样本内数据，对于这个给定的样本内数据，应用GARCH(1,1)模型来估计单一资产收益率、它们的和与它们的差的协方差矩阵。进而得到最小方差组合，使用权重计算2016年1月4日资产组合的收益。用同样的方法计算2016年1月5日的收益，这样每次估计就可以得到一个新的权重。在估计中共得到了一年共计 252 个观测值的最小方差组合。图 3-5 为 6 组资产 2016 年 1 月 4 日到 2016 年 12 月 30 日的最小方差组合权重变化图。从图 3-5 中可以看到 6 组资产的权重都在不断变化。图 3-6 为 6 组资产日对数收益率和最小方差组合的波动率变化时序图，其中最下方的虚线表示最小方差组合的波动率变化图，可以看到其波动率最小。

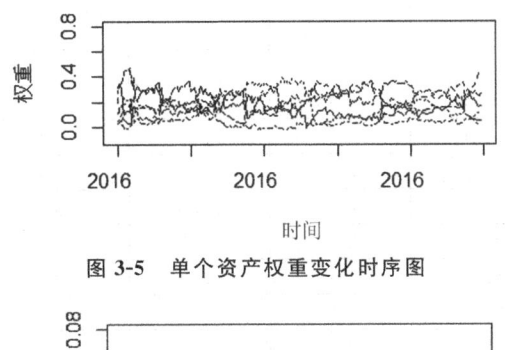

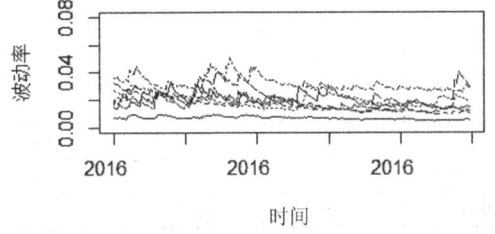

图 3-5　单个资产权重变化时序图

图 3-6　单个资产和组合资产波动率时序图

事实上，从统计的结果来看，组合资产样本外的收益标准差为 0.004754，而对于贵州茅台、青岛啤酒、上汽集团、中国船舶、中国联通和中国石化这 6 只股票，它们的单个资产的标准差分别为 0.01850、0.018、0.02412、0.04027、0.03188 和 0.02149。很显然组合资产的波动率是最小的。

4. 结论

通过上述实证分析，可以说明利用最小方差组合对不同资产赋予不同的权重可以达到有效降低风险的目标。将 GARCH 模型引入最小方差投资组合中，可以看到 GARCH 模型在投资组合选择中有着较好的估计资产收益随时间变化的协方差的能力。

5.部分数据(表3-14)

表3-14 相关数据

贵州茅台	青岛啤酒	上汽集团	中国船舶	中国联通	中国石化
44.28	8.29	3.3	8.47	1.97	4.75
44.76	8.51	3.42	8.68	2	4.75
45.23	8.52	3.42	8.92	2	4.73
46.79	8.79	3.47	9.2	2	4.69
46.97	8.67	3.48	9.22	1.99	4.73
46.56	8.46	3.53	9.25	1.96	4.58
47	8.5	3.53	9.18	1.96	4.68
47.48	8.46	3.47	9.02	1.96	4.61
46.55	8.3	3.44	9.07	1.91	4.6
46.05	8.24	3.44	8.95	1.89	4.72
46.16	8.25	3.52	9.05	1.94	4.83
46.08	8.35	3.53	9.06	1.96	5.08
45.98	8.53	3.44	8.7	1.96	5.08
45	8.55	3.4	8.24	1.95	5
45.51	8.57	3.48	8.8	1.93	4.94
47.24	9.01	3.69	9.21	1.96	4.98
47.4	9.83	3.74	9.13	1.94	5.19
50	9.77	3.81	9.07	1.87	5.1
49.84	9.7	3.83	9.28	1.89	5.18
48.48	9.36	3.76	9.2	1.84	5.06
52.53	9.57	3.75	9.26	1.86	5.11
57.78	9.38	3.71	8.88	1.84	5.05
58.09	9.83	3.67	8.88	1.85	5.08
58.67	9.74	3.65	8.89	1.86	5.39
58.26	9.63	3.5	8.57	1.82	5.21
57.39	9.62	3.43	8.68	1.81	5.2
……	……	……	……	……	……
312.95	29.7	22.96	21.38	5.06	4.96
316.93	29.1	23.03	21.43	5.11	4.98
316.89	29.08	23.46	21.57	5.3	4.99
319.5	29.28	23.17	22.15	5.3	5.01
323.96	28.97	23.09	23.34	5.36	5.07
319.08	29.17	22.95	22.96	5.33	5.02
321.02	29.21	23.11	23.13	5.27	4.99
321.77	29.28	22.9	23.47	5.34	4.98
315.93	29.24	23.45	23.24	5.18	5.01

第4章 高频金融时间序列

所谓高频数据是对比年、季度和月而言的更小间隔的观测值,一般以日、小时或者更小的时间间隔,在今天信息技术和存储技术飞速发展的影响下,金融交易实现电子化,金融数据也达到了分钟、秒级别,华尔街的一些高频交易数据甚至达到了毫秒级别。也正因如此,近几年来,以高频数据为基础的金融市场微观结构研究受到了广泛的关注。

高频数据本身具有其独特的属性,这些属性特征与传统的低频数据区别很大,因此高频金融数据的分析给相关学者的研究提出了新的挑战。

4.1 高频数据的特征

1. 交易的非同步性和时间区间的不等间隔

交易的非同步性是指在股票市场股票的交易并不是同步发生的,以期货交易为例,不同期货交易存在着不同的交易频率和交易强度,即使是同一种期货在不同时间的交易强度也会发生较大变化。

在现今的低频数据研究中通常以固定的时间间隔一月、一周或者一天来分析其收益率,即以日内最后一次交易的价格来分析,这种等间隔假设存在较大误差,忽略了日内交易的绝大部分信息,导致股票收益率的预测出现错误结果。

金融市场的交易通常不是在等间隔的时间区间内发生的,因此高频资产交易价格数据也不是等间隔,两笔交易之间的间隔即持续期同样重要,因为其包含了交易强度在内的市场微观结构信息。

2. 日周期或者日模式的存在

周期性特征在日内交易中也普遍存在,例如在期货市场交易中,开盘与收盘时刻的交易活动较为活跃,中间时刻的交易则较少,在持续期形式下会看到一个倒"U"形的交易强度,这种倒"U"形形态会在实证分析4.3的部分有所展示,这种倒"U"形形态在股票或者期权交易中也能够观察到。

3. 一秒内的多重交易

由于现在的交易测量多数是采用秒来测量,因此会导致观测到一秒内具有不同价格的多重交易同时发生。随着计算机交易的逐步成熟,许多毫秒级的交易数据也能够被记录下来。

4.2 持续期模型

针对高频金融数据交易时间区间的不等间隔特性,Engle 和 Russell 利用类似 ARCH 模型的概念提出了自回归条件持续期(ACD)模型。持续期模型主要研究的是交易活动中的间隔时长,较短的交易持续期意味着交易活动频繁,较长的持续期则表示较少的交易活动,持续期形态包含的交易市场信息较多,关于持续模型本节有如下介绍:

我们着重讨论对日模式调整后的时间持续期

$$x_i = \Delta t_i / f(t_i) \tag{4-1}$$

其中,$f(t_i)$是一个确定的函数,由Δt_i的循环成分组成显然依赖于标的资产和市场的系统行为,在实际应用中,有许多估计$f(t_i)$

的方法,但是就统计性质而言,没有一种方法总是优于其他方法,光滑插值是一种通常的方法,这里运用简单的二次函数来处理日交易活动中确定的组成部分。

自回归条件持续期(ACD)模型利用 GARCH 模型的思想来研究式(4-1)中调整的时间持续期 x_i 的动态结构。

令 $\phi_i = E(x_i | F_{i-1})$ 表示第 $i-1$ 次交易至第 i 次交易的调整的时间持续期的条件期望,其中 F_{i-1} 为第 $i-1$ 次交易时可以得到的信息集合,换句话说,ϕ_i 为给定 F_{i-1} 的条件下期望的调整持续期,基本的 ACD 模型定义为

$$x_i = \phi_i \varepsilon_i$$

其中,$\{\varepsilon_i\}$ 是独立同分布的非负随机变量序列,满足 $E(\varepsilon_i)=1$,在 Engle 和 Russel(1998)中 ε_i 服从一个标准指数分布或者标准化的韦布尔[①](Weibull)分布,并且 ϕ_i 假定为以下形式

$$\phi_i = \omega + \sum_{j=1}^{r} r_j x_{i-1} + \sum_{j=1}^{s} \omega_j \phi_{i-j}$$

这样的模型称为 ACD(r,s) 模型,当 ε_i 服从一个标准指数分布时,结果中的模型被称为 EACD(r,s) 模型,类似地,如果 ε_i 服从标准化的韦布尔分布,则称为 WACD(r,s) 模型。

4.3 持续期模型在金融市场中的应用

持续期模型能够有效反映出金融市场微观结构中的交易频率信息,关于持续期的研究一般从两个角度来考虑,一是价格持续期,二是交易量持续期,在本节的实证分析中将分别考虑。

4.3.1 基于价格的持续期模型

在前面的理论分析部分讲到了持续期模型主要考虑交易之

---

① 许启发.R 软件及其在金融定量分析中的应用[M].北京:清华大学出版社,2015.

间的时间间隔,较长的持续期意味着较少的交易活动,众多学者在研究金融市场微观结构中指出,分析交易发生、价格变化的等待时间对于了解金融市场的信息有着关键作用。

具体来说持续期模型在金融市场微观结构中主要包括两个方面:一是交易持续期;二是价格持续期。前者指的是在金融市场发生交易时产生的时间间隔,后者是指交易的标的物发生价格变动时所产生的时间间隔。持续期体现了交易的频率和强度,股票或者期货的流动性也可以通过持续期体现出来,较短的持续期意味着流动性较强,较长的持续期意味着流动性较弱。对于投资者来说流动性极大地便利了其筹资决策,交易者会估算出流动性的经济价值并支付一定的使用成本。当市场缺乏流动性时,会降低投资者的交易欲望,损害市场存在的基础。

1. 数据描述

本节在构建持续期模型实证时选取了郑商所 8 只期货标的高频数据,以每个 tick 收盘价作为持续期计算的依据,选取的时间是 2017 年 3 月 1 日到 2017 年 3 月 5 日共计 5 天的数据,标的物分别为 cf(棉花)、fg(玻璃)、ma(郑醇)、rm(菜粕)、sr(白糖)、ta(精兑苯二甲酸)、zc(动力煤)和 zn(锌)。郑商所全天候的交易时间分为 4 段,分别为上午 9:00~10:15、10:30~11:30、下午 13:30~15:00、夜盘:21:00~11:30。

首先计算所有交易时间点的持续期,本节计算持续期是根据期货交易过程中每只标的物的价格是否发生变动为基础,即前后价格变动大于或等于 1 元时认为一次事件发生,事件的起始时间与终结时间的差就是价格持续期。在消除中间休息时间的影响后,为避免持续期中确定部分(日内效应)对期货交易信息的影响,本节对日内效应进行调整,采用的方法是中位数平滑法,也可以采用 Engle 提到的分段样条设定,用日内时间对持续期数据进行回归,然后取比率就可以得到日内调整的持续期数据。在去除日内效应后,得到以下 8 个品种的日模式(图 4-1)。

第 4 章 高频金融时间序列

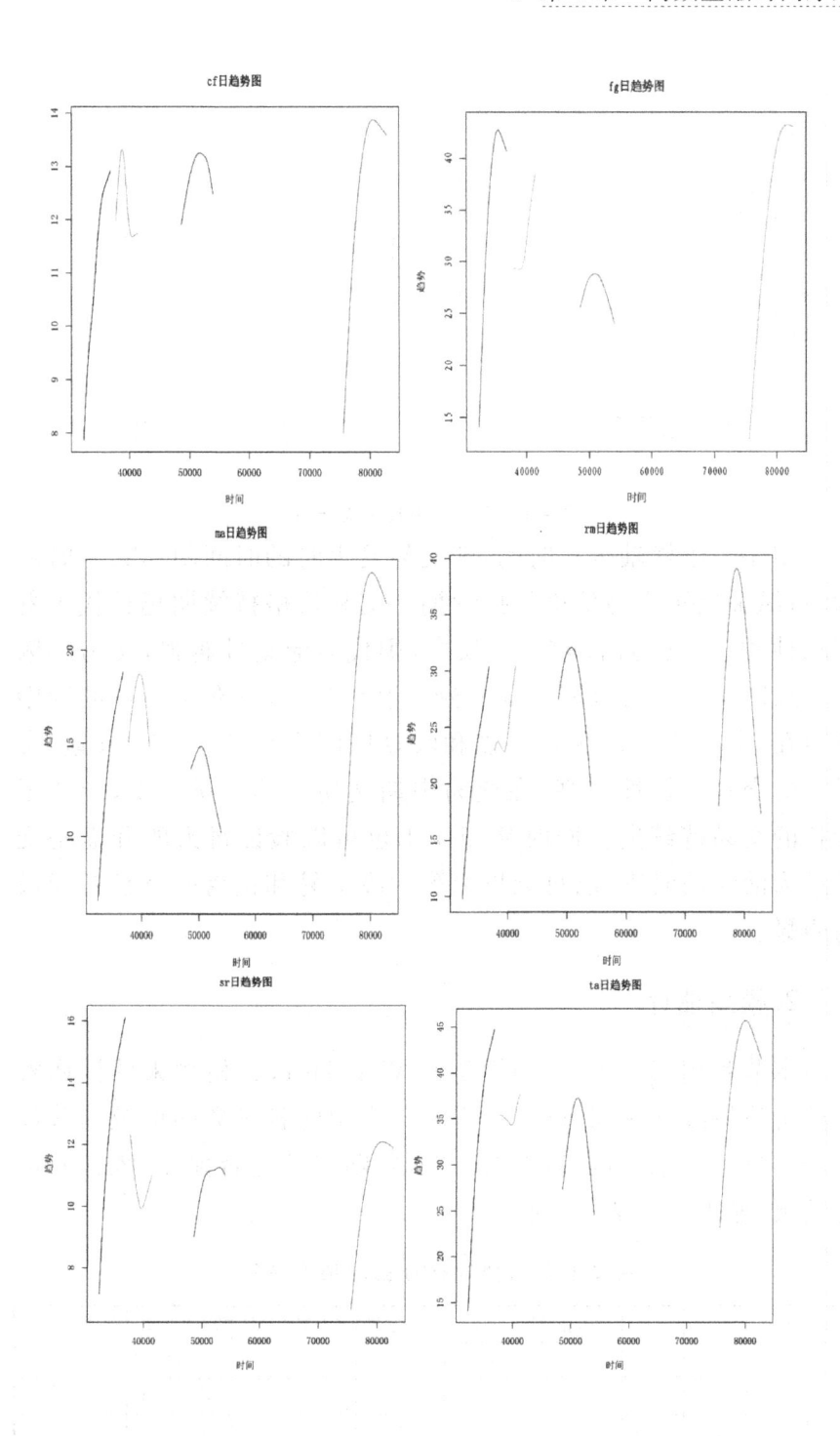

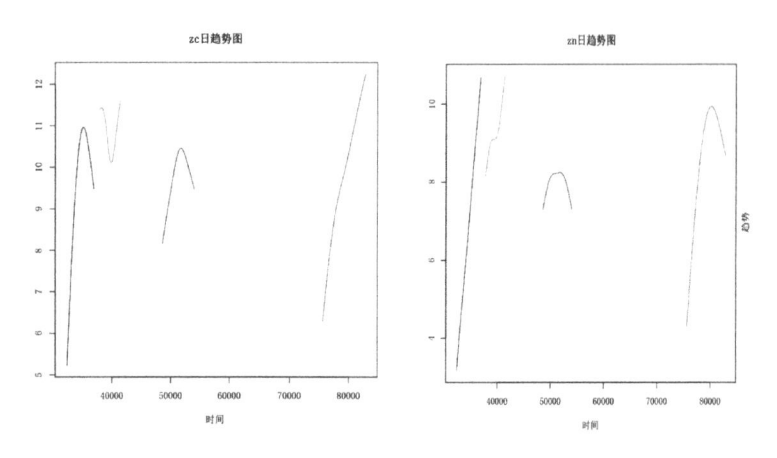

图 4-1 各标的物日模式(一)

图 4-1 中横轴表示时间,即交易发生时的时间距当天零时的秒数;纵轴表示交易价格的持续期。交易价格持续期越长代表着流动性越差,交易活动越少;反之,则代表流动性越强,交易越频繁。从图 4-1 中可以清晰地看到,倒"U"形形态在每只标的物中都存在,交易活动存在着开盘和收盘期间交易活动较为频繁,交易者的交易积极性较高,在交易中期交易活动有所减少,导致了较长的交易持续期。同时从图 4-1 也可以验证每天的开盘是交易最为活跃的时刻,以每天早上第一段交易和夜盘的开盘时间最为明显。

2. 模型估计

本节利用 EACD(1,1)模型和 WACD(1,1)模型来估计调整过的价格持续期序列,进一步提取出模型的各参数的值及其假设检验的显著性水平,最后提取残差,判断残差是否独立,统计并汇总结果,如表 4-1、表 4-2 所示。

表 4-1 各标的 EACD 模型拟合结果

标的	omega	alpha	beta	omega_p 值	alpha_p 值	beta_p 值	参数显著个数	残差 Ljung_p	残差是否独立
CF	0.0450	0.1024	0.8548	0	0	0	3	0.003121939	0
FG	0.4664	0.1841	0.3497	0	0	0	3	0.058975044	1
MA	0.0857	0.1189	0.7964	0	0	0	3	0.000558999	0

续表

标的	omega	alpha	beta	omega_p 值	alpha_p 值	beta_p 值	参数显著个数	残差 Ljung_p	残差是否独立
RM	0.2492	0.1928	0.5598	0	0	0	3	0.271758879	1
SR	0.0423	0.0999	0.8596	0	0	0	3	0.007886619	0
TA	0.2953	0.1266	0.5772	0	0	0	3	0.069502482	1
ZC	0.0587	0.0885	0.8535	0	0	0	3	0.131322612	1
ZN	0.0406	0.0667	0.8933	0	0	0	3	1.18E−07	1

表4-2　各标的 WACD 模型拟合结果

标的	omega	alpha	beta	omega_p	alpha_p	beta_p	参数显著个数	残差 Ljung_p	残差是否独立
CF	0.0521	0.1088	0.8397	0	0	0	3	0.012560275	0
FG	0.4436	0.2032	0.3452	0	0	1.03E-05	3	0.04187231	0
MA	0.0987	0.1297	0.7707	0	0	0	3	0.001165684	0
RM	0.2550	0.2215	0.5121	0	0	0	3	0.106104172	1
SR	0.0444	0.1008	0.8554	0	0	0	3	0.009668249	0
TA	0.3103	0.1622	0.5212	0	0	0	3	0.018578687	0
ZC	0.0622	0.0901	0.8474	0	0	0	3	0.161310154	1
ZN	0.0460	0.0692	0.8844	0	0	0	3	1.58E-06	1

（设定上述两表中各项系数的检验 p 值小于 10^{-5} 的表示为0）

从模型的拟合结果来看，无论是 EACD(1,1) 还是 WACD(1,1) 模型，在各个标的物下求出的三个参数均显著。从残差的独立性来看，在 EACD(1,1) 模型中 fg、rm、ta、zc 和 zn 这5个标的残差序列是相互独立的，即有着较好的拟合效果；在 WACD(1,1) 模型中 rm、zc 和 zn 这3个标的残差序列独立，有着较好的拟合效果。这些结果说明了简单的 ACD 模型能够拟合出中国期货市场的价格持续期序列。

3. 结论

本节的实证分析表明了 ACD 模型能够较好地反映出价格持续期的特征，反映出日内交易持续期的特点；同时建模分析显示出简单的 WACD(1,1) 和 EACD(1,1) 模型能够较好地拟合出我国期货市场价格持续期的变动情况。

价格 ACD 模型代码：

```r
source('acd.r');
directory_path= "acd_new\\"      # 数据文件夹的名字
directory_name= list.files(directory_path);
static= NULL;
for (i in 1:length(directory_name))   # 遍历所有标的,结果存储在static里
{
   datapath= paste(directory_path,directory_name[i],"\\",sep= "")
   res= acd_zs(datapath,directory_name[i]);
   static= rbind(static,res);
}
# 写入结果到cvs文件
write.table(static, file= "郑商所所有标的Wacd模型实证结果1.csv", sep= ',', qmethod= c("escape"),col.names= T,row.names= F);
acd_zs= function(datapath,biaodi)
{
############################################################
#
#           1 数据预处理
############################################################

   filename= list.files(datapath,".csv");   # 标的的路径
   ll= length(filename);
############################################################
   #
   #  1.1 读取标的每天的数据并合并
   #
   alldata= NULL;
   for(i in 1:5)        # 读取几天的数据
   {
     filepath= paste(datapath,filename[i],sep= "");
     datanow= read.csv(filepath,header = F);
```

```r
    alldata= rbind(alldata,datanow);
}


# 将时间里的字符串去掉并提取出小时,分秒的数据
tm= as.character(alldata[,2]);
tm= gsub("","",tm);
tm= gsub(":","",tm);
tm= gsub("- ","",tm);
tmhour= as.matrix(as.numeric(substring(tm,9,10)));
tmmin= as.matrix(as.numeric(substring(tm,11,12)));
tmsec= as.matrix(as.numeric(substring(tm,13,14)));
miao= tmhour* 3600+ tmmin* 60+ tmsec;
################################################
####################
#
#              1.2 获取每一段交易的时间点
#
alldata2= cbind(alldata[,2],alldata[,5],tmhour,tmmin,tmsec,miao);
nightbeg= 21* 3600;nightend= 23* 3600;
noonbeg= 9* 3600;noonend= 11* 3600+ 30* 60;
afterbeg= 13* 3600+ 30* 60;afterend= 15* 3600;
w1= which(miao> = nightbeg & miao< = nightend |miao> = noonbeg &
miao< = noonend|miao> = afterbeg & miao< = afterend);
jiaoyidata= alldata2[w1,]
###############################################
#   以下注释掉的数据是去掉相同秒的重复数据,如果需要保留所有tick 则不需要执行
#   for(j in 2:nrow(jiaoyidata))
#   {
#     if(jiaoyidata[j,6]= = jiaoyidata[j- 1,6])
#     {
#        jiaoyidata[j,]= 0;
#     }
#   }
#   jiaoyidata= jiaoyidata[which(jiaoyidata[,1]> 0),]
###############################################
##############################
```

```
#
#                     1.3 计算持续期
#
# 计算每个点和年前一个点的价差,价差等于0持续期加1,但是不记录在该条记录上
# 当某个点产生了价差,把之间累加的持续期记录在该点
xhcs= nrow(jiaoyidata);
jiaoyidata_cxq= matrix(0,xhcs,1);
for (j in 1:xhcs)
{
  if(j= = 1)
  {
    chixuqi= 1;
    bijiaoprice= as.numeric(jiaoyidata[1,2]);
  }
  if(j> = 2)
  {
    chaju= abs(bijiaoprice- as.numeric(jiaoyidata[j,2]))
    if(chaju= = 0)
    {
      chixuqi= chixuqi+ 1;
    }
    if(chaju! = 0)
    {
      jiaoyidata_cxq[j- 1,1]= chixuqi;
      chixuqi= 1;
    }
    bijiaoprice= jiaoyidata[j,2];
  }
}
# jiaoyidatanew= cbind(jiaoyidata,jiaoyidata_cxq);
# w= which(as.numeric(jiaoyidatanew[,7])> 0);
# jiaoyidatanew= jiaoyidatanew[w,]
# !!!!!!!!!!!!!!!!!!!!
# 去除一些不正常的持续期,如上午15分钟休盘产生的持续期不算
jiaoyidatanew= cbind(jiaoyidata,jiaoyidata_cxq);
w= which(as.numeric(jiaoyidatanew[,7])> 0 & as.numeric(jiaoyida-
```

```
tanew[,7])< 500);
    jiaoyidatanew= jiaoyidatanew[w,] # # # # # # # # # # # # # #
# # # # # # # # # # # # # # # # # # # # # # # # # # # # # # # # # # # # # #
# # # # # # # # # # # # # # # #
    #         1.4 计算日模式
    #
    # 采用图基(中位数)平滑得到日模式
    # (这里是将每天时间相同的数据堆叠到一块分四个交易时间段分别求的日模式)
    # 其中 dff 是图基(中位数)平滑的参数
    dff= 3
    nightbeg= 21* 3600;nightend= 23* 3600;
    noonbeg1= 9* 3600;noonend1= 10* 3600+ 15* 60;
    noonbeg2= 10* 3600+ 30* 60;noonend2= 11* 3600+ 30* 60;
    afterbeg= 13* 3600+ 30* 60;afterend= 15* 3600;
    # 求取每一段的趋势值
    # 下午
    w_after= which(jiaoyidatanew[,6]> = afterbeg & jiaoyidatanew[,6]
< = afterend)
    afterdata= jiaoyidatanew[w_after,]
    s1= smooth.spline(afterdata[,6], afterdata[,7],df= dff)
    # 夜盘
    w_night= which(jiaoyidatanew[,6]> = nightbeg & jiaoyidatanew[,6]
< = nightend)
    nigthdata= jiaoyidatanew[w_night,]
    s2= smooth.spline(nigthdata[,6], nigthdata[,7],df= dff)
    # 上午第一段
    w_noon1= which(jiaoyidatanew[,6]> = noonbeg1&jiaoyidatanew[,6]<
= noonend1)
    noondata1= jiaoyidatanew[w_noon1,]
    s3= smooth.spline(noondata1[,6], noondata1[,7],df= dff)
    # 上午第二段
    w_noon2= which(jiaoyidatanew[,6]> = noonbeg2&jiaoyidatanew[,6]<
= noonend2)
    noondata2= jiaoyidatanew[w_noon2,]
    s4= smooth.spline(noondata2[,6], noondata2[,7],df= dff)
    # 趋势值的图记录并保存
    picture_name= paste(biaodi,"日趋势图",sep= "");
```

```r
        pdfname= paste(picture_name,".pdf",sep= "");
        pdf(pdfname,family= "GB1");
        plot(s1MYMx,s1MYMy,ylim= c(min(s1MYMy,s2MYMy,s3MYMy,s4MYMy),max
(s1MYMy,s2MYMy,s3MYMy,s4MYMy)),  xlim= c(min(s1MYMx,s2MYMx,s3MYMx,
s4MYMx),max(s1MYMx,s2MYMx,s3MYMx,s4MYMx)),col= 'red',type= "l",ylab
= "趋势",xlab= "时间")
        lines(s2MYMx,s2MYMy,col= 'green')
        lines(s3MYMx,s3MYMy,col= 'blue')
        lines(s4MYMx,s4MYMy,col= 'cyan')
        title(main= picture_name);
        dev.off()
###############################################
#
#           1.5 去除日模式
#
# 每个点除以其对应时间段的时间点的趋势值
xhcs2= nrow(jiaoyidatanew);
adjcxq= matrix(0,xhcs2,1);
s1x= s1MYMx;s1y= s1MYMy;
s2x= s2MYMx;s2y= s2MYMy;
s3x= s3MYMx;s3y= s3MYMy;
s4x= s4MYMx;s4y= s4MYMy;
for (j in 1:xhcs2)
{
  if(jiaoyidatanew[j,6]> = afterbeg & jiaoyidatanew[j,6]< = af-
terend)
    {
      adjcxq[j]= (jiaoyidatanew[j,7]/s1MYMy[s1x= = jiaoyidatanew
[j,6]]);
    }
  if (jiaoyidatanew[j,6]> = nightbeg & jiaoyidatanew[j,6]< =
nightend)
    {
      adjcxq[j]= jiaoyidatanew[j,7]/s2MYMy[s2x= = jiaoyidatanew
[j,6]];
    }
```

```
        if(jiaoyidatanew[j,6]> = noonbeg1 & jiaoyidatanew[j,6]< = noonend1)
            {
               adjcxq[j]= jiaoyidatanew[j,7]/s3MYMy[s3x = = jiaoyidatanew[j,6]];
            }
        if(jiaoyidatanew[j,6]> = noonbeg2 & jiaoyidatanew[j,6]< = noonend2)
            {
               adjcxq[j]= jiaoyidatanew[j,7]/s4MYMy[s4x = = jiaoyidatanew[j,6]];
            }
      }
   finaldata= cbind(jiaoyidatanew,adjcxq);
   adjdt= finaldata[,8];  ###########################################################
   #
   #                1 Eacd模型的使用
   #
   ##################################################################
   # Eacd模型的使用
   # acdmodel= acd(adjdt,order = c(1,1),cond.dist= "exp");
   acdmodel= acd(adjdt,order = c(1,1),cond.dist= "weibull");
   # 提取其残差
   ep1= acdmodelMYMepsilon;
   # 残差 jlung检验
   box= Box.test(ep1,lag= 12,type = 'Ljung');
   # 记录模型信息以及统计结果
   canshu= acdmodelMYMmatcoef;
   re= matrix(0,1,10);
   re[1]= biaodi;
   re[2]= as.numeric(canshu[1,1]);
   re[3]= as.numeric(canshu[2,1]);
   re[4]= as.numeric(canshu[3,1]);
   re[5]= as.numeric(canshu[1,4]);
```

```
    re[6]= as.numeric(canshu[2,4]);
    re[7]= as.numeric(canshu[3,4]);
    re[8]= length(which(as.numeric(re[5:7])< = 0.001))
    re[9]= boxMYMp.value;
    re[10]= length(which(re[9]> 0.05));
    colnames(re)= c("标的","omega","alpha","beta","omega_P","alpha_P","beta_P","参数显著个数","残差Ljung_p","残差是否独立")
    return(re);
}
```

4.3.2 基于交易量的持续期模型实证研究

关于持续期,许多学者是沿着交易量的角度来研究的,交易量的持续期模型一般基于委托量的度量指标或基于成交量的度量指标。委托量指标可以选用委买深度和委卖深度。成交量指标一般选用成交数量、成交金额,也可以选用换手率和持仓量两个角度来考虑。

在本节的实证研究中采用的是基于成交数量的指标,选取了郑商所7只期货标的标的物分别为cf(棉花)、fg(玻璃)、ma(郑醇)、rm(菜粕)、sr(白糖)、ta(精兑苯二甲酸)和zc(动力煤)的高频数据(zn数据有缺漏),数据时间跨度为2017年1月3日到2017年1月5日共计5天。

不同成交量持续期要求确定不同的阈值,在本节中结合数据的实际特征设定前后两个时间点t时成交量的差额大于5时视为两个不同的交易持续期,即设定阈值为5。

利用同样的去除日内效应的方法对数据进行调整,得到调整后的基于交易量的持续期日模式如图4-2所示。

观察上述的交易量日模式图,在日模式的形态上与价格持续期很相似,较多地呈现出倒"U"形形态。但仔细观察图形的纵坐标轴可以发现,两者所代表的价格持续期是完全不同的,并且相差甚远,意味着当交易量发生频繁变动时,交易价格的变动相对较为缓慢,这也引发了对于持续期模型量价结合的思考,有兴趣的读者可以进一步对此进行研究,本节就不再叙述。

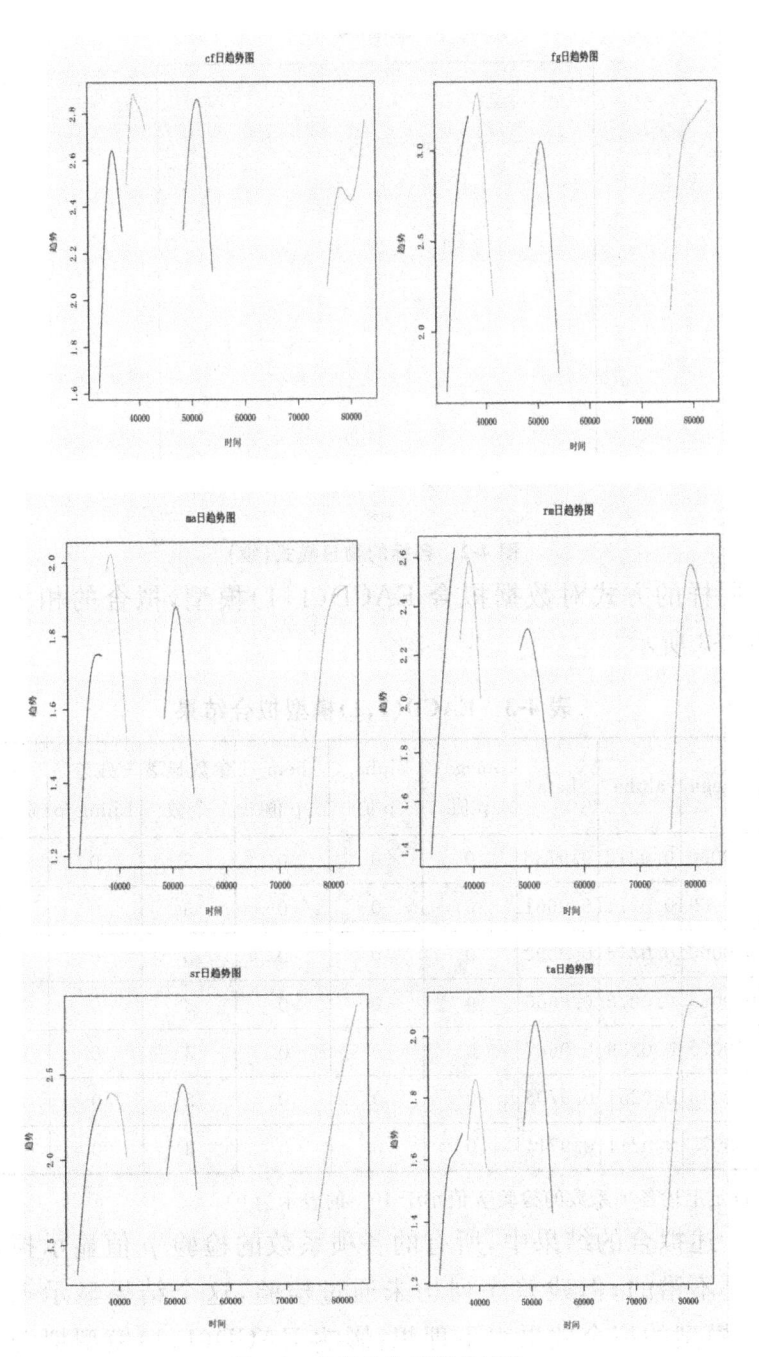

图 4-2　各标的物日模式（二）

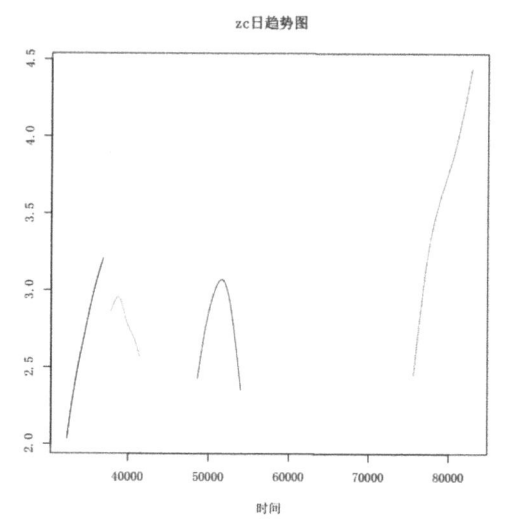

图 4-2 各标的物日模式(续)

同样的方式对数据拟合 EACD(1,1)模型,拟合的相关结果如表 4-3 所示。

表 4-3 EACD(1,1)模型拟合结果

标的	omega	alpha	beta	omega_p 值	alpha_p 值	beta_p 值	参数显著个数	残差 Ljung_p	残差是否独立
cf	0.0050	0.0212	0.9738	0	0	0	3	0	0
fg	0.0069	0.0271	0.9661	0	0	0	3	0	0
ma	0.0090	0.0318	0.9592	0	0	0	3	0	0
rm	0.0063	0.0278	0.9660	0	0	0	3	0	0
sr	0.0075	0.0239	0.9687	0	0	0	3	0	0
ta	0.0043	0.0251	0.9706	0	0	0	3	0	0
zc	0.0075	0.0211	0.9714	0	0	0	3	0	0

(设定上述各项系数的检验 p 值小于 10^{-5} 的表示为 0)

上述拟合的结果中,所有的各项系数的检验 p 值显示拟合的效果是不错的,但残差序列均未通过检验,这个结果显示 EACD(1,1)模型的拟合效果很不理想,影响 EACD(1,1)模型拟合效果的因素很多,交易量持续期阈值的设定就是一种,本节目的在于介绍交易量持续期的分析方法,关于模型拟合的效果,在后续的

研究中会进一步探讨。

结论:本节构建了基于交易量的持续期模型,在这里交易量的持续期判别是研究的关键,采用设定交易量阈值的方法来判别,但从后续的模型拟合中来看这种方法仍存在一些问题,难点在于合理阈值的选择。同时在有限的研究中发现对比价格持续期,两者持续期的时间相差很大,引发了我们对量价结合的思考。

交易量持续期模型中阈值的设定代码:

```
acd_yuzhi= 5;   # 定义了acd交易量持续期的阈值
  xhcs= nrow(jiaoyidata- 1);
  jiaoyidata_cxq= matrix(0,xhcs,1);
  for (j in 1:xhcs)
  {
    if(j= = 1)
    {
      chixuqi= 1;
      bijiaoprice= as.numeric(jiaoyidata[1,2]);
    }
    if(j> = 2)
    {
      chaju= abs(bijiaoprice- as.numeric(jiaoyidata[j,2]))
      if(chaju< = acd_yuzhi)
      {
        chixuqi= chixuqi+ 1;
      }
      if(chaju> acd_yuzhi)
      {
        jiaoyidata_cxq[j- 1,1]= chixuqi;
        chixuqi= 1;
      }
      bijiaoprice= as.numeric(jiaoyidata[j,2]);
    }
  }
# jiaoyidatanew= cbind(jiaoyidata,jiaoyidata_cxq);
# w= which(as.numeric(jiaoyidatanew[,7])> 0);
# jiaoyidatanew= jiaoyidatanew[w,]
```

```
# !!!!!!!!!!!!!!!!!!!!
# 去除一些不正常的持续期,如上午 15 分钟休盘产生的持续期不算
jiaoyidatanew= cbind(jiaoyidata,jiaoyidata_cxq);
w= which(as.numeric(jiaoyidatanew[,7])> 0&as.numeric(jiaoyidata-
new[,7])< 500);
jiaoyidatanew= jiaoyidatanew[w,]
```

4.4 已实现波动率模型

高频金融数据蕴含着大量的日内信息,可以有效地反映市场的微观结构。已实现波动率模型作为高频数据建模的一种方法,是用高频收益率数据历史的或者事后的样本方差作为低频波动率的一致估计量。

$$\bar{\sigma}_m^2 = \frac{n}{n-1}\sum_{i=1}^{n}(r_{t,i}-\bar{r}_t)^2$$

在上式中,如果进一步假设 $\bar{r}_t = 0$,则有 $\bar{\sigma}_m^2 = \sum_{i=1}^{n} r_{t,i}^2$,这样,每天的累计对数收益率的平方和将用作月波动率的估计值。将这个概念进一步推广到应用资产的日内对数收益率来估计该资产的日波动率,设 r_i 为资产的日对数收益率,则有 n 个等区间的日内对数收益率,使得 $r_i = \sum_{i=1}^{n} r_{t,i}^2$,$RV_t = \sum_{i=1}^{n} r_{t,i}^2$ 称为 r_i 的实际(realized)波动率。

4.5 已实现波动率模型在证券市场中的分析应用

4.5.1 中证 500 指数高频数据建模

受困于技术因素,早期的波动率是选择低频的日间收益率来

进行度量的,但是随着科技的高速发展,各种金融产品的交易变得越来越频繁,其中的日内交易数据所包含的信息量以及所受结构误差的影响变得越来越大。当前高效稳定的数据库早已出现,因此日内数据不再是制约人们建立更新更有效的计量模型的首要因素。高频金融时间数据包含着大量的市场信息,采用高频时间序列建模分析,能够及时有效地把握市场的变化。目前在基于高频数据对波动率进行建模和预测时,多数通过已实现波动率来实现。

这次通过已实现波动率模型对中证 500 指数 2014 年 1 月 2 日到 2017 年 2 月 28 日的高频数据进行建模处理,首先采用 MSE 标准对已实现波动率最优抽样频率有效选取,为了对已实现波动率进行更加有效细致的度量,在对已实现波动率序列进行细致的描述性分析后,引入了 ARIMA(3,4)模型,在对模型的残差序列进行平稳性检验后,作出向前 15 步的预测。

1. 中证 500 指数最优抽样频率选取

已实现波动率会受到测量误差及微观结构误差这两种误差的影响。同时两种误差存在此涨彼伏的关系。所以在实证研究中,所选择的最优频率须在测量误差及微观结构误差之间平衡。

已显现波动率最优频率选取方法 MSE:

$$MSE = bias^2 + Var(RV)$$

其中,表示样本偏差

$$bias = \frac{M}{NT}\sum_{i=1}^{T}\sum_{j=1}^{N}y_{i,j}^2, RV_t = \sum_{j=1}^{M}y_{j,t},$$

$$Var(RV) = \frac{1}{T}\sum_{t=1}^{T}[RV_t - E(RV_t)]^2$$

根据以上计算方法计算出 MSE 值,选取 MSE 值最小的抽样频率 M 为最优抽样频率,即此时确定下最优的抽样间隔。选取中证 500 指数 2014 年 1 月 2 日到 2017 年 2 月 28 日共 764 个交易日的 1 分钟交易数据,以 1 分钟为基本单位,对数据进行抽样选取,可以看到共有 18 种抽样选择(表 4-4)。

表 4-4 各个抽样频率下对应的 MSE 值

抽样频数	120	80	60	48	40	30	24
$bias^2$	1.66E-07	3.42E-08	2.03E-08	6.43E-09	4.45E-09	2.38E-09	1.58E-09
Var	0.036328161	0.008419768	0.008472873	0.000815419	0.000846827	0.000788765	0.000837368
MSE	0.036328327	0.008419803	0.008472893	0.000815425	0.000846832	0.000788768	0.00083737
抽样频数	20	16	15	12	10	8	6
$bias^2$	1.13E-09	7.34E-10	6.39E-10	4.08E-10	2.87E-10	1.91E-10	1.11E-10
Var	0.00083041	0.000877564	0.000871918	0.000973076	0.00094099	0.001018931	0.000969577
MSE	0.000830411	0.000877565	0.000871918	0.000973076	0.00094099	0.001018932	0.000969578
抽样频数	5	4	3	2			
$bias^2$	8.81E-11	5.55E-11	3.09E-11	1.57E-11			
Var	0.00125858	0.001186631	0.001205475	0.001380036			
MSE	0.00125858	0.001186631	0.001205475	0.001380036			

从图 4-3、表 4-4 中可以看到中证 500 指数 764 个交易日,日内最优的抽样频率为 30 次,即每 8 分钟抽取一次,因此样本值数量为 22920 个。

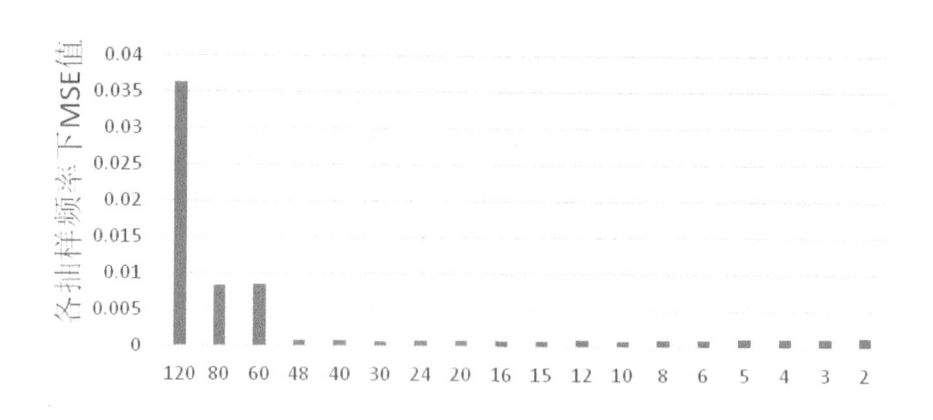

图 4-3 MSE 的直方图

2. 数据处理

从图 4-4、图 4-5 中可以看到中证 500 指数日内实际波动率原始数据存在着较大的波动性。较大的波动性主要体现在 2015

年 5 月到 2016 年 2 月,这段时间正是中证 500 指数股指期货推出的时间,猜想股指期货的推出对其产生了较大的影响。对日内的已实现波动率序列进行对数化处理。

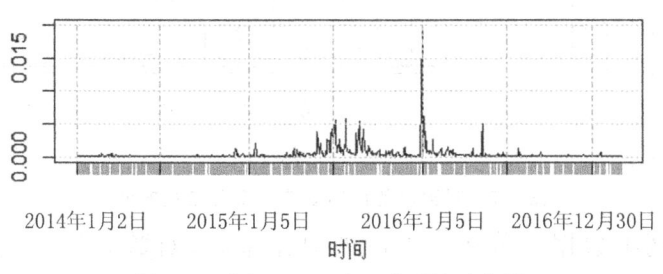

图 4-4 中证 500 日内已实现波动率图

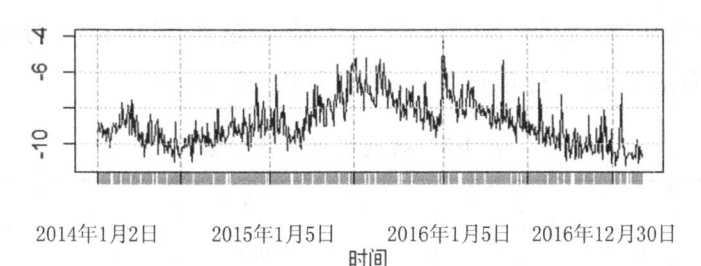

图 4-5 对数处理后的中证 500 日内已实现波动率序列图

观察到数据在经过对数化处理后,其波动性明显降低。为了进一步研究中证 500 指数已实现波动率的统计特征,下面对中证 500 指数的原始已实现波动率序列和对数后的已实现波动率序列分别进行描述性统计分析。(原始序列以 RV 表示,对数后的以 LNRV 表示)(图 4-6、图 4-7)

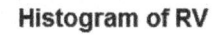

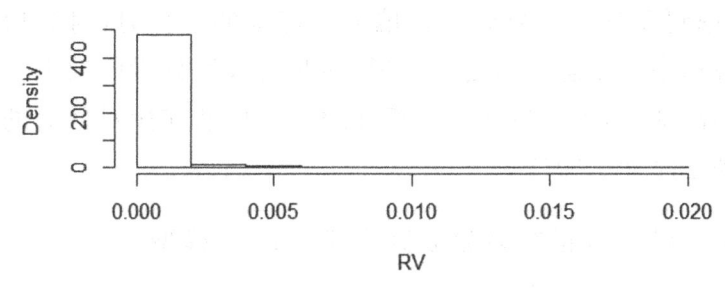

图 4-6 原始已实现波动率分布直方图

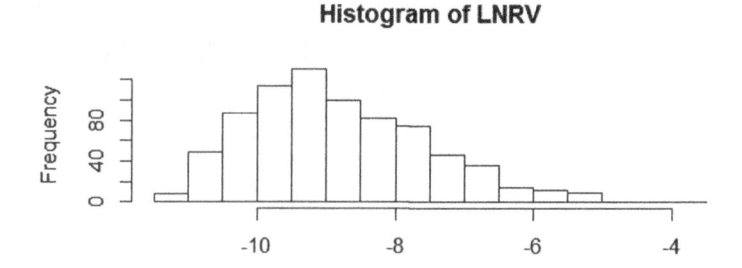

Histogram of LNRV

图 4-7 对数后的已实现波动率分布直方图

从两组数据的分布直方图的对比来看,对数后的已实现波动率其分布直方图,虽然有一定的左偏性,但对比原序列与正态分布直方图更为相近,为了及进一步验证是否服从正态分布的假设,下面对数据进行描述性的统计分析(表 4-5)。

表 4-5 描述性基本统计量

统计量	均值	最大值	最小值	标准差	偏度	峰度
RV	0.00039	0.019953	1.25E−05	0.001016	10.94111	183.329
LNRV	−8.8313	−3.91432	−11.2897	1.271029	0.610453	0.035754

从表 4-5 检验的偏度和峰度值来看,对数后的值明显发生了较大变化,偏度值接近于 0,但峰度值仍与正态分布的峰度 3 值相差较大,因此认为不服从正态分布。

也可以使用 R 语言中的 jarqueberaTest() 函数做正态性检验,在对 RV、LNRV 进行正态性检验时,发现其均不服从正态分布,考虑到在对两个数据进行偏度和峰度的计算时,对数后的已实现波动率与正态分布更为接近,同时对数后处理的数据也具有更小的波动性,因此后面的建模处理工作仍然使用对数后的已实现波动率序列 LNRV。

3.中证 500 指数高频数据构建 ARIMA 模型

在图 4-5 中可以看到,对数后的已实现波动率序列分布图,虽然波动性降低,但是仍存在着一定的趋势性,因此有必要做出进一步的序列平稳性检验。

利用 urca 包里面的 ur.ca() 函数做数据的序列平稳性检验(图 4-8)。

```
Residual standard error: 0.7519 on 760 degrees of freedom
Multiple R-squared:  0.1405,    Adjusted R-squared:  0.1382
F-statistic: 62.11 on 2 and 760 DF,  p-value: < 2.2e-16


value of test-statistic is: -0.7953

Critical values for test statistics:
     1pct  5pct  10pct
tau1 -2.58 -1.95 -1.62
```

图 4-8 序列平稳性检验

从检验统计量的值 -0.7953 来看,检验值大于临界值,接受原假设,即认为序列为非平稳。接着检验一阶差分后的序列平稳性(图 4-9)。

```
Residual standard error: 0.7275 on 759 degrees of freedom
Multiple R-squared:  0.7077,    Adjusted R-squared:  0.7069
F-statistic: 918.9 on 2 and 759 DF,  p-value: < 2.2e-16


value of test-statistic is: -29.5841

Critical values for test statistics:
     1pct  5pct  10pct
tau1 -2.58 -1.95 -1.62
```

图 4-9 一阶差分后的序列平稳性检验

从一阶差分后检验统计量的值 -29.5841 来看,检验值小于临界值,拒绝原假设,即认为序列平稳。为了准确建模,下面对一阶差分后的序列画出 ACF 和 PACF 图像(图 4-10、图 4-11)。

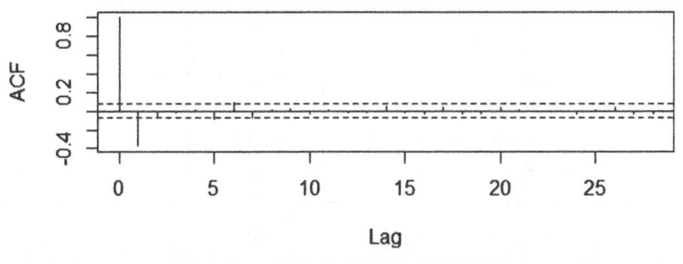

图 4-10 一阶差分后的 ACF 图像

Series diff(LNRV)

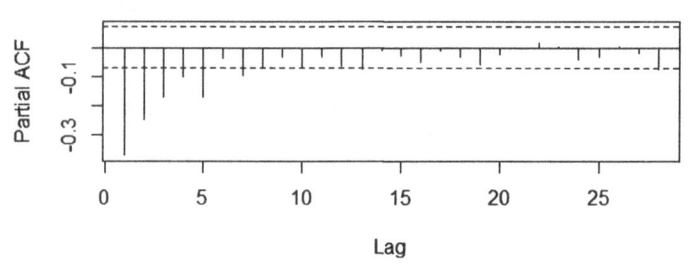

图 4-11 一阶差分后的 PACF 图像

从图 4-10 和图 4-11 可以看到，一阶差分后的序列既存在自相关性又存在偏自相关性，ACF 图像显示序列在 1 阶存在较强的自相关性，PACF 图像显示在 1 阶到 5 阶都存在偏自相关性，并存在拖尾现象。考虑对序列构建 ARIMA 模型利用 TSA 包中的 eacf 函数对模型进行定阶（图 4-12）。

```
AR/MA
  0 1 2 3 4 5 6
0 x x o o x x o
1 x o o o o o o
2 x x o o o o o
3 x x o x o o o
4 x x x x o o o
5 x x x x x o o
6 x x x x o o o
```

图 4-12 EACF 图像

从 EACF 图像来看，序列定阶为 ARIMA(0,1,2) 模型。但这种方法进行定阶不太准确，考虑利用 AIC 信息准则做精确的定阶。选取依据是当 AIC 值越小，表示模型的阶数越合适。这里用到一个自编函数，函数的基本思想是提取出 AIC 值最小模型阶数（表 4-6）。

表 4-6 不同阶数模型的 AIC 值

p	0	0	0	0	0	0	1	1	1	1	1
q	0	1	2	3	4	5	0	1	2	3	4	5
AIC 值	1843.583	1634.768	1614.202	1612.197	1611.966	1610.750	1730.858	1609.058	1608.213	1609.410	1611.402	1609.399
p	2	2	2	2	2	2	3	3	3	3	3	3
q	0	1	2	3	4	5	0	1	2	3	4	5
AIC 值	1683.237	1609.095	1610.996	1611.758	1613.406	1610.124	1661.564	1609.696	1611.390	1613.404	1607.401	1609.400
p	4	4	4	4	4	4	5	5	5	5	5	5
q	0	1	2	3	4	5	0	1	2	3	4	5
AIC 值	1655.214	1611.288	1610.410	1607.739	1610.173	1612.088	1634.472	1612.826	1611.642	1609.612	1611.193	1611.939

从拟合不同阶数的 AIC 值来看当 $p=3, q=4$ 时，AIC 值最小为 1607.401。因此模型定阶为 ARIMA(3,1,4)，进而构建模型（图 4-13）。

```
Call:
arima(x = LNRV, order = c(3, 1, 4), method = "ML")

Coefficients:
         ar1      ar2     ar3     ma1      ma2      ma3     ma4
      -0.7023  0.2146  0.4958  0.1145  -0.7758  -0.4971  0.3123
s.e.   0.2656  0.2056  0.1250  0.2654   0.1329   0.1988  0.0956

sigma^2 estimated as 0.4734:  log likelihood = -797.83,  aic = 1609.66
```

图 4-13　模型的拟合结果

4. ARIMA(3,1,4)模型构建、残差检验和预测

为了进一步判定模型的拟合效果，提取模型的残差序列做白噪声检验（图 4-14）。

```
        Box-Ljung test (lag = 8)

data:  fit$resid
X-squared = 1.3358, df = 1, p-value = 0.2478
```

图 4-14　残差序列的白噪声检验

从检验的 p 值来看，残差序列属于白噪声序列，说明 ARIMA(3,1,4)模型有着较好的拟合结果。

从模型的诊断图（图 4-15）中也可以看到，残差序列平稳，模型的 ACF 图形显示残差序列也不存在自相关性，检验的 p 值也会随着检验的滞后阶数变化而逐渐变大。

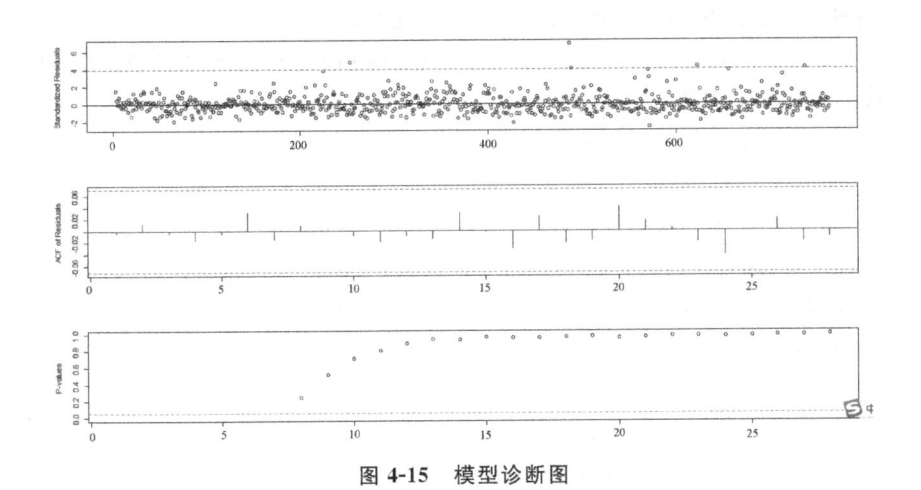

图 4-15　模型诊断图

利用 ARIMA(3,1,4) 模型做向前 15 步的预测,并画出预测值与 95% 置信度水平下的上下区间(图 4-16)。

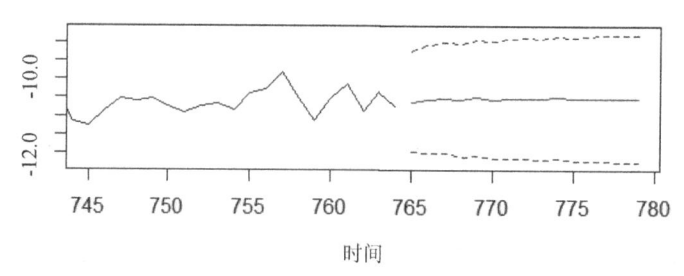

图 4-16 向前 15 步的预测效果

综上所述,可以看到对中证 500 指数日内 8 分钟的高频数据建立已实现波动率模型,并引入 ARIMA(3,1,4) 模型,在一些残差序列检验后,做出了向前 15 步的预测,说明上述模型能够有效地表达中证 500 指数已实现波动率的变化特征。

MSE 的 R 语言实现:

```
setwd('C:\\Users\\Administrator\\Desktop\\sh\\')
path < - ('C:\\Users\\Administrator\\Desktop\\sh\\yuansi\\')
temp = list.files(path,pattern= "* .csv")
sidata= as.matrix(as.data.frame(read.csv(paste('yuansi\\',temp[5],sep = ""))))
name= strsplit(strsplit(temp[5],split= "\\.")[[1]][1],split= "- ")[[1]][1]    # 取出股票名
xi= c(2,3,4,5,6,8,10,12,15,16,20,24,30,40,48,60,80,120)    # 需要便利的分钟间隔数(这个设置改动即可,必须能被 240 整除)
# xi= c(1,2,4,5,8,10,12,15,20)    # 需要遍历的分钟间隔数(这个设置改动即可,必须能被 240 整除)
jrv< - matrix(nrow = length(xi),ncol = nrow(sidata))
j= 1
MSE< - vector(length = 0)
VA< - vector(length = 0)
BIAS2< - vector(length = 0)
for(x in xi)
{
  siData= sidata[,seq(2,241,x)]
  b= as.numeric(as.vector(t(siData)))
```

第4章 高频金融时间序列

```
b[which(b==0)]= mean(b,rm.na= T)
b1= length(b)
b0= append(1,b[2:b1]/b[1:(b1-1)])
bm= t(matrix(b0,ncol= nrow(siData)))
# b1= bm- 1
b2= log(bm)
# siSimple= apply(b1* b1,2,mean)
# siLog= apply(b2* b2,2,mean)
# si= cbind(siSimple,siLog)
# rownames(si)< - hourMin10
# write.csv(si,paste(rpath,dircetory[i],"/",'si.csv',sep= ""),row.names = T)
# colnames(siData)< - hourMin10
row.names(siData)< - sidata[,1]
write.csv(siData,paste('C:\\Users\\Administrator\\Desktop\\sh\\result\\',name,'- ',x,'- Data.csv',sep= ""))
# colnames(b2)< - hourMin10
row.names(b2)< - sidata[,1] write.csv(b2,paste('C:\\Users\\Administrator\\Desktop\\sh\\result\\',name,'- ',x,'- logreturn.csv',sep= ""))
# mes
# bias^2
M= 240/x
# 764天数据
t= 764
# 每天数据总量240
N= 240
a= as.vector(b2)
sa= a[which(a!= Inf & a!= - Inf)]
bias= (M/(N* t))* sum(sa* sa,na.rm= T)
bias2= bias* bias
BIAS2= append(BIAS2,bias2)
rvd= apply(b2* b2,1,sum)
jrv[j,]= rvd
rv= rvd[which(rvd!= Inf & rvd!= - Inf)]
# va= var(rv,na.rm= T)
va= sum((rv- mean(rv))* (rv- mean(rv)))/T
```

```
    VA= append(VA,va)
    MSE0= va+ bias2
    MSE= append(MSE,MSE0)
    j= j+ 1
}
m= 240/xi
ms= rbind(m,BIAS2,VA,MSE)
row.names(ms)< - c("抽样频数","bias^2","var","MSE")
row.names(jrv)< - m
write.csv(ms,paste('C:\\Users\\Administrator\\Desktop\\sh\\result\\',name,'- MSE.csv',sep= ""))
write.csv(jrv,paste('C:\\Users\\Administrator\\Desktop\\sh\\result\\',name,'- VR.csv',sep= ""))
```

4.5.2 股指期货的推出对我国股票市场投资者结构的影响分析

市场异质假说认为,由于风险偏好、理性程度、制度约束和受教育程度的不同,股票市场会存在不同交易频率的交易者,如做市商日内短期交易、投资基金公司的一个月以上的长期交易,其余可以看作是中期交易,这三种投资者构成一个完整的投资群体。

股指期货作为金融衍生品的一种,能够有效对抗金融危机对股票市场的影响,其价格发现功能也可以有效地防范投机者操纵市场,在一定程度上可以稳定股市。我国在 2010 年 4 月推出了沪深 300 股指期货,它的推出为我国资本市场提供了一种有效的风险对冲机制,在这之后,我国又于 2015 年 4 月 16 日同时推出了上证 50 和中证 500 股指期货,进一步完善了我国资本市场机构。因此,本节将会以这两种股指期货推出的时间为界限来研究股指期货的推出是否对我国的投资者结构产生了影响。

1. 数据描述

本节以上证 50 和中证 500 指数 5 分钟抽样间隔数据,以股指期货推出的时间为界限,即数据选取时间为2014年1月2日到2015年4月15日、2015年4月16日到2017年2月28日,数据量分别为14880和21312个。为了表述方便,我们将2015年4月16日前的数据表示为50(1)和500(1),相对的在2015年4月16日后的数据表示为50(2)和500(2)。根据"已实现"方差的计算公式,分别计算出310个和444个日已实现波动率。下面分别列出上证50和中证500指数日、周、月已实现波动率图(图4-17、图4-18)。

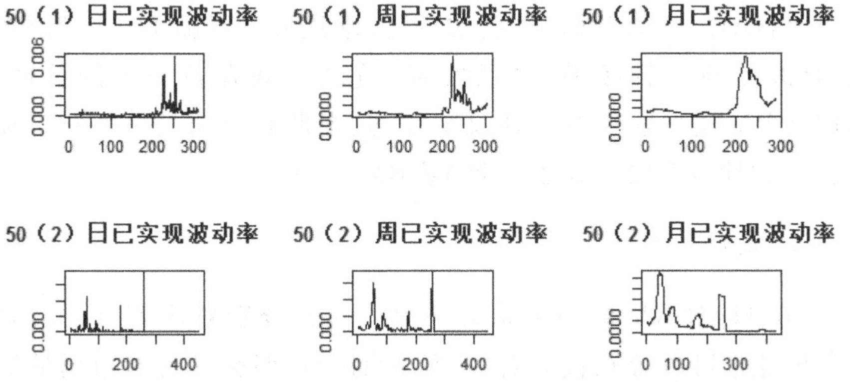

图4-17 上证50已实现波动率序列图

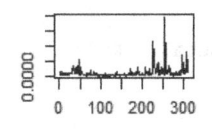

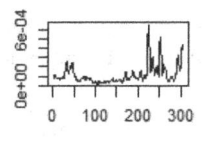

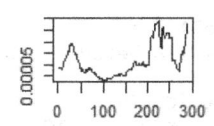

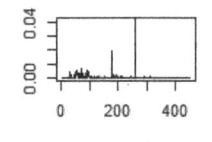

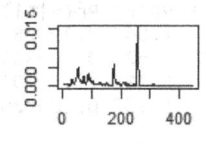

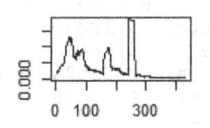

图4-18 中证500已实现波动率序列图

从图4-17和图4-18的序列图上可以看出,短、中和长期交易者所看重的波动率序列图波动性也不同,短期交易者所看重的日已实现波动率图波动较为剧烈,相对的中长期交易者所看重的周、月已实现波动率图波动较为平缓。

2.模型选择

根据市场异质假说,在异质有效市场中不同的交易者有着不同的交易预期和交易策略,根据股票持有时期的长短分为短期、中期和长期交易者,市场价格也正是这三种交易者共同作用的结果。依据市场异质假说,Corsi(2009)提出了异质自回归"已实现"波动(HAR-RV)模型,对"已实现"波动展开建模研究,认为潜在的日波动与三种频率的"已实现"波动之间存在一定的关系,HAR-RV 模型能够有效地反映短期、中期和长期交易者对市场的影响程度,因此本节选用 HAR-RV 模型。

3.实证分析

在 HAR-RV 模型中系数项 β_1、β_2、β_3 分别对应着日、周、月项,因此也可以分别代表着短期、中期和长期交易者对市场的影响程度,首先我们对上证 50 指数 2014 年 1 月 2 日到 2015 年 4 月 16 日的 5 分钟收益率已实现波动率建模。在 R 里面可以看到各项系数的估计值及检验值,如图 4-19 所示。

```
Call:
"RV1 = beta0 + beta1 * RV1 + beta2 * RV5 + beta3 * RV22"
Residuals:
    Min      1Q  Median      3Q     Max
-32.251  -5.946   1.606   6.458  27.484
Coefficients:
        Estimate Std. Error t value Pr(>|t|)
beta0    3.10850    2.98931   1.040 0.299285
beta1    0.26119    0.07199   3.628 0.000339 ***
beta2    0.58675    0.11103   5.285 2.51e-07 ***
beta3    0.10966    0.08723   1.257 0.209729
---
Signif. codes:  0 '***' 0.001 '**' 0.01 '*' 0.05 '.' 0.1 ' ' 1
```

图 4-19　上证 50(1)HAR-RV 模型拟合结果

从回归的结果可以看到 β_0、β_1、β_2、β_3 的值分别为 3.108、

0.261、0.587 和 0.110，对应的 t 检验统计量值分别为 1.04、3.628、5.285 和 1.257，但观察到在 5% 显著性水平下，常数项和 β_3 的值均未能通过检验，考虑到 β_3 的值较小为 0.11，因此可以认为在股指上证 50 期货推出之前，上证 50 指数受到长期投资者的影响较小，其主要受到以技术分析为基础的短期投资和以机构投资为主的中期投资者影响较大。

为了衡量股指期货推出对市场投资者结构的影响，考虑对 2015 年 4 月 16 日到 2017 年 2 月 28 日的 5 分钟收益率序列构建 HAR-RV 模型，检验结果如图 4-20 所示。

```
Call:
"RV1 = beta0 + beta1 * RV1 + beta2 * RV5 + beta3 * RV22"

Residuals:
    Min      1Q  Median      3Q     Max
-75.936  -7.524   1.245   9.359  51.700

Coefficients:
       Estimate Std. Error t value Pr(>|t|)
beta0   2.97420    2.73371   1.088  0.27722
beta1   0.33105    0.05724   5.783 1.42e-08 ***
beta2   0.25887    0.09805   2.640  0.00859 **
beta3   0.38243    0.08550   4.473 9.89e-06 ***
---
Signif. codes:  0 '***' 0.001 '**' 0.01 '*' 0.05 '.' 0.1 ' ' 1
```

图 4-20　上证 50(2) HAR-RV 模型拟合结果

从拟合的结果来看除常数项检验的 p 值在 5% 显著性水平下未能通过检验外，其他系数项均通过了检验，β_1、β_2 的值分别为 0.331 和 0.258，其中 β_3 的值达到了 0.38243，虽然短期投资者对市场的影响依然很大，但是可以看到以基本面分析为主的长期投资者对股票市场的影响正在逐步加大，并且可以看到机构投资者的影响也在减小。

由于中证 500 股指期货和上证 50 股指期货属于同时间推出，且作为小盘股的中证 500 指数更受到中短期投资者的青睐，因此为了进一步地研究股指期货的推出对我国股票市场的影响程度，采用同样的方法接着对中证 500 指数构建 HAR-RV 模型（图 4-21、图 4-22）。

```
call:
"RV1 = beta0 + beta1 * RV1 + beta2 * RV5 + beta3 * RV22"
Residuals:
    Min      1Q   Median      3Q     Max
-50.123  -5.569   0.530    8.102  22.239

Coefficients:
        Estimate Std. Error t value Pr(>|t|)
beta0   8.54993    6.23699    1.371  0.17151
beta1   0.33370    0.06934    4.813 2.42e-06 ***
beta2   0.35663    0.11792    3.024  0.00272 **
beta3   0.20975    0.11768    1.782  0.07577 .
---
Signif. codes:  0 '***' 0.001 '**' 0.01 '*' 0.05 '.' 0.1 ' ' 1
```

图 4-21　中证 500(1)HAR-RV 模型拟合结果

```
call:
"RV1 = beta0 + beta1 * RV1 + beta2 * RV5 + beta3 * RV22"
Residuals:
    Min      1Q   Median      3Q     Max
-61.111  -5.414   1.410    7.449  35.254

Coefficients:
        Estimate Std. Error t value Pr(>|t|)
beta0   1.12818    2.08813    0.540   0.5893
beta1   0.40224    0.05578    7.211 2.54e-12 ***
beta2   0.17703    0.09191    1.926   0.0547 .
beta3   0.41440    0.08086    5.125 4.52e-07 ***
---
Signif. codes:  0 '***' 0.001 '**' 0.01 '*' 0.05 '.' 0.1 ' ' 1
```

图 4-22　中证 500(2)HAR-RV 模型拟合结果

从拟合的结果来看,两段数据的常数项均未能通过检验,同时上半段数据(2014.01~2015.04.16)的 β_3 和下半段数据(2015.04.16~2017.02)的 β_2 项未能通过 5% 显著性水平检验,但均通过了 10% 显著性水平的检验。为了更加方便地比较,将上证 50 和中证 500 两组数据检验结果在表 4-7 中列出。

表 4-7　上证 50、中证 500 拟合效果汇总

	β_1	β_2	β_3
前上证 50	0.26119	0.58675	0.10966
p 值	0.000339	2.51E-07	0.209729
显著性	***	***	
后上证 50	0.33105	0.25887	0.38243

续表

	β_1	β_2	β_3
p 值	1.42E-08	0.00859	9.89E-06
显著性	***	**	***
前中证 500	0.3337	0.35663	0.20975
p 值	2.42E-06	0.00272	0.07577
显著性	***	**	.
后中证 500	0.40224	0.17703	0.4144
p 值	2.54E-12	0.0547	4.52E-07
显著性	***	.	***

从汇总的结果可以看到两组数据的共同点：①系数项 β_3 的值在增大，即在股指期货推出后，长期投资者对股票市场的影响在慢慢扩大。②系数项 β_1、β_2 的值之和在缩小，上证 50 指数其 β_1、β_2 系数项之和由 0.848 变为 0.589，中证 500 指数其 β_1、β_2 系数项之和由 0.69 变为 0.579，即认为短期投资者和机构投资者对股票市场的影响在逐渐缩小，其中以技术分析为主的中期投资者下滑幅度最大。

4. 结论

从以上的分析可以看出，我国股票市场分别受到短期、中期和长期投资者的影响。具体来说包含以下三点：

（1）在股指期货推出以前，我国股票市场受到短期投机交易者和坚持策略投资的机构投资者（中期投资者）的影响较大，而坚持以公司经营业绩和公司价值的长期投资者对股市的影响较小。

（2）在股指期货推出后，坚持策略投资的中期投资者对股票市场的影响正在缩减，以基本面分析为主的长期交易者对股票市场的影响正在加大。

（3）同时也观察到短期交易者对市场的影响程度也在不断增加，这与最开始研究的预期结果并不相同，但考虑到在 2015 年我国股票市场股价普遍大幅上涨,带动了许多个人投资者纷纷进入股市进行频繁的短期投机交易,因此这个结果也与实际情况较为符合的。

综上所述,可以看到股指期货的推出对稳定我国股票市场、防范投机者操纵市场有了一定的作用,使投机套利空间缩小,人们更愿意进行基于价值分析的长期投资来获取稳定的收益,当然这也与我国投资者的投资观念趋于理性有一定的关系。

核心代码如下:

```
# 日已实现波动率序列
plot(DJI_RV[,5],xlab = "",ylab= '',main= '500(2)日已实现波动率',type= 'l')
# 周已实现波动率
l= length(DJI_RV[,5])
zhou= matrix(0,nrow= l- 4,ncol = 1)
for (i in 5:l)
  {
  zhou[i- 4]= sum(DJI_RV[,5][(i- 4):i])/5
  }
plot(zhou,xlab = "",ylab= '',main= '500(2)周已实现波动率',type= 'l')
# 月已实现波动率
l= length(DJI_RV[,5])
yue= matrix(0,nrow= l- 21,ncol = 1)
for (i in 22:l)
{
  yue[i- 21]= sum(DJI_RV[,5][(i- 21):i])/22
}
plot(yue,xlab = "",ylab= '',main= '500(2)月已实现波动率',type= 'l')
args(harModel)
HARRV <- harModel(data= xt, periods= c(1,5,22), RVest= c("rCov"),type= "HARRV",h= 1)
class(HARRV)
summary(HARRV)
```

第5章 多元时间序列分析

金融市场并不是孤立存在的,市场之间一般都具有联动特性,一个市场的价格变动往往会迅速扩散到另外一个市场,特别是在当前经济全球化背景下,互联网金融的兴起使得不同市场之间的影响更为迅速,金融资产之间的相互依赖性也更为紧密。对于持有多个不同资产的投资者来说,研究资产之间的相互关系也尤为重要。金融资产的相关性研究一般是以多元时间序列为基础,在本章中主要研究多元收益率序列。

5.1 弱平稳与交叉-相关矩阵

金融资产的收益率序列研究,一般假定其收益率序列是弱平稳的,除非明确说明其为非平稳序列。考虑一个 k 元时间序列 $r_t = (r_{1t}, r_{2t}, \cdots, r_{kt})$,如果它的一阶矩与二阶矩不随时间变化,特别地,若平稳序列 r_t 的均值向量和协方差矩阵不随时间改变,则称序列 r_t 是弱平稳的。

对于一个弱平稳时间序列 r_t,其均值向量和协方差矩阵定义为

$$\mu = E(r_t), \Gamma_0 = E[(r_t - \mu)(r_t - \mu)']$$

这里的期望是由 r_t 的联合分布对每个分量取期望得到的,均值 μ 是由 r_t 的分量的无条件期望组成的 k 维向量。协方差矩阵 Γ_0 是 $k \times k$ 矩阵,Γ_0 的第 i 个对角线上的元素是 r_{it} 的方差,而 Γ_0 的第 (i,j) 个元素是 r_{it} 与 r_{jt} 的协方差,需要用到其元素时,记

$$\mu=(\mu_1,\cdots,\mu_k)',\Gamma_0=[\Gamma_{ij}(0)]$$

5.1.1 交叉-相关矩阵

1. 相关系数

令 D 表示由 $r_{it}(i=1,\cdots,k)$ 的标准差构成的 $k\times k$ 对角矩阵，换句话说

$$D=diag\{\sqrt{\Gamma_{11}(0)},\cdots,\sqrt{\Gamma_{kk}(0)}\}$$

则 r_t 的同步或延迟为 0 的交叉-相关矩阵表示为

$$\rho_0\equiv[\rho_{ij}(0)]=D^{-1}\Gamma_0 D^{-1}$$

进一步，ρ_0 的第 (i,j) 个元素为

$$\rho_{ij}(0)=\frac{\Gamma_{ij}(0)}{\sqrt{\Gamma_{ii}(0)\Gamma_{jj}(0)}}=\frac{Cov(r_{it},r_{jt})}{std(r_{it})std(r_{jt})}$$

它是 r_{it} 与 r_{jt} 间的相关系数。在时间序列分析中，此相关系数称为同步相关系数，因为它是两个序列在同一时刻 t 的相关性。可以看出，$\rho_{ij}(0)=\rho_{ji}(0)$，$-1\leqslant\rho_{ij}(0)\leqslant 1$；且 $\rho_{ii}(0)=1$，$1\leqslant i,j\leqslant k$。因此，$\rho(0)$ 是具有单位对角元素的对称矩阵。

2. 交叉-相关矩阵[①]

多元时间序列分析中一个重要的主题是分量序列之间的引导-延迟关系。为此，用交叉-相关矩阵来衡量时间序列之间线性依赖的强度。r_t 的延迟 l 的交叉-协方差矩阵定义为：

$$\Gamma_l\equiv[\Gamma_{ij}(l)]=E[(r_t-\mu)(r_{t-l}-\mu)']$$

其中，μ 是 r_t 的均值向量。因此 Γ_l 的第 (i,j) 个元素为 r_{it} 与 $r_{j,t-l}$ 间的协方差，对弱平稳序列，交叉-协方差矩阵 Γ_l 是 l 的函数，与时间指数 t 无关。

r_t 的延迟为 l 的交叉-相关矩阵定义为

---

① [美]蔡瑞胸(Tsay).金融时间序列分析[M].北京:人民邮电出版社,2012.

$$\rho_l \equiv [\rho_{ij}(l)] = D^{-1} \Gamma_l D^{-1}$$

这里同前面一样,D 是由单个序列 r_{it} 的标准差构成的对角矩阵。由定义

$$\rho_{ij}(l) = \frac{\Gamma_{ij}(l)}{\sqrt{\Gamma_{ii}(0)\Gamma_{jj}(0)}} = \frac{Cov(r_{it}, r_{j,t-1})}{std(r_{it})std(r_{jt})} \quad (5-1)$$

是 r_{it} 与 $r_{j,t-1}$ 的相关系数。当 $l>0$ 时,此相关系数衡量了 r_{it} 对发生在 t 时刻以前的 $r_{j,t-1}$ 线性依赖。因此,如果 $\rho_{ij}(l) \neq 0$ 且 $l>0$,就说序列 r_{jt} 在延迟 l 处引导着序列 r_{it}。类似地,$\rho_{ji}(l)$ 衡量了 r_{ji} 对 $r_{i,t-1}$ 的线性依赖,并且如果 $\rho_{ij}(l) \neq 0$ 且 $l>0$,就说 r_{it} 在延迟 l 处引导着序列 r_{jt}。公式(5-1)还表明 $\rho_{ii}(l)$ 的对角元素恰恰为 r_{it} 的延迟为 l 的自相关系数。给定数据 $\{r_t | t=1, \cdots, T\}$,其交叉-协方差矩阵 Γ_l 可以通过下式估计

$$\hat{\Gamma}_l = \frac{1}{T} \sum_{t=l+1}^{T} (r_t - \bar{r})(r_{t-l} - \bar{r})', l \geq 0,$$

这里 $\bar{r} = \sum_{t=1}^{T} r_t / T$ 为样本均值向量。交叉-相关矩阵 ρ_l 的估计为

$$\bar{\rho} = \hat{D}^{-1} \hat{\Gamma}_l \hat{D}^{-1}, l \geq 0,$$

其中,$\hat{D}$ 是分量序列的样本标准差构成的 $k \times k$ 对角矩阵。

5.1.2 多元混成检验

多元混成检验是[①]由 Hosking(1980,1981)以及 Li 和 McLeod(1981)把一元的 Ljung-Box 统计量 $Q(m)$ 推广到了多元情形。检验的理论如下:对一个多元序列,检验统计量的原假设为 $H_0: \rho_1 = \cdots = \rho_m = 0$,备择假设为 H_1:对某些 $i \in \{1, \cdots, m\}$,$\rho_i \neq 0$。这样,就利用这个统计量来检验向量序列 r_t 没有自相关或交叉相关性。假定检验统计量具有如下形式

[①] 张世英,樊智. 协整理论与波动模型:金融时间序列分析及应用[M]. 北京:清华大学出版社,2009.

$$Q_k(m) = T^2 \sum_{l=1}^{m} \frac{1}{T-l} tr(\hat{\Gamma}_l' \hat{\Gamma}_0^{-1} \hat{\Gamma}_l \hat{\Gamma}_0^{-1}),$$

其中,T 为样本容量,k 为 r_t 的维数,$tr(A)$ 是矩阵 A 的迹,即 A 的对角线元素的和。在原假设以及一些正则条件下,$Q_k(m)$ 渐近服从一个自由度为 $k^2 m$ 的 χ^2 分布。

$Q_k(m)$ 统计量是对 r_t 的前 m 个交叉-相关矩阵的一个联合检验,如果原假设被拒绝,那么必须对序列建立一个多元模型来研究序列分量之间的引导-延迟关系。下面讨论一些简单的向量模型,它们在给多元金融时间序列的线性动态结构建模时很有用。

5.2 向量自回归模型

在对多个资产收益率建模时,可以使用向量自回归(VAR)模型。向量自回归模型的特性可以通过一个一阶的 VAR(1) 过程来认识:

$$r_t = \Phi_0 + \Phi_{r_{t-1}} + a_t$$

这里 Φ_0 是一个 k 维向量,Φ 是一个 $k \times k$ 矩阵,$\{a_t\}$ 是一个序列不相关的随机向量序列,其均值为 0,协方差矩阵为 Σ。实际应用中,要求协方差矩阵 Σ 是正定的;否则,可以简化 r_t 的维数。在文献的研究中,通常假定 a_t 是多元正态的。

考虑二元情形[即 $k=2$,$r_t = (r_{1t}, r_{2t})'$ 且 $a_t = (a_{1t}, a_{2t})'$],这时 VAR(1) 模型包含了下面两个方程:

$$r_{1t} = \Phi_{10} + \Phi_{11} r_{1,t-1} + \Phi_{12} r_{2,t-1} + a_{1t},$$
$$r_{2t} = \Phi_{20} + \Phi_{21} r_{1,t-1} + \Phi_{22} r_{2,t-1} + a_{2t}$$

其中,Φ_{ij} 是 Φ 的第 (i,j) 个元素,Φ_{i0} 是 Φ_0 的第 i 个元素。根据第一个方程,Φ_{12} 表示的是在 $r_{1,t-1}$ 存在时,r_{1t} 对 $r_{2,t-1}$ 的线性依赖。因此 Φ_{12} 为给定 $r_{1,t-1}$ 时,$r_{2,t-1}$ 对 r_{1t} 的条件效应。如果 $\Phi_{12}=0$,那么 r_{1t} 并不依赖于 $r_{2,t-1}$,而且模型表明 r_{1t} 只依赖于它自己的过去值。同样的情形,如果 $\Phi_{21}=0$,那么第二个方程表明了给定 $r_{2,t-1}$

时，r_{2t} 并不依赖于 $r_{1,t-1}$。

对这两个方程进行联立考虑，如果 $\Phi_{12}=0$，但是 $\Phi_{21}\neq 0$，那么从 r_{1t} 到 r_{2t} 有一个单向关系；如果 $\Phi_{12}=\Phi_{21}=0$，那么 r_{1t} 与 r_{2t} 是分离的；如果 $\Phi_{12}\neq 0$，且 $\Phi_{21}\neq 0$，那么这两个序列之间有一个相互作用关系。

5.3 上证市场和深证市场联动关系研究

在我国，上证综指与深证综指相对于股市具有一定的代表性，两者的变化反映着股市的变化。但是由于是不同的交易市场，两者之间存在一定的相关关系，这两种指数的相互作用又对我国资本市场产生了一定的影响。本节以上证综指和深证成指为代表，对两市之间的联动关系进行分析。

1. 数据描述

本节选取 2012 年 1 月 4 日到 2016 年 12 月 30 日共计 1214 个交易日的收盘价数据为样本数据，两组收盘价序列分布状况如图 5-1 所示。可以看到上证综指和深证成指收盘价序列存在着较为明显的相关性。

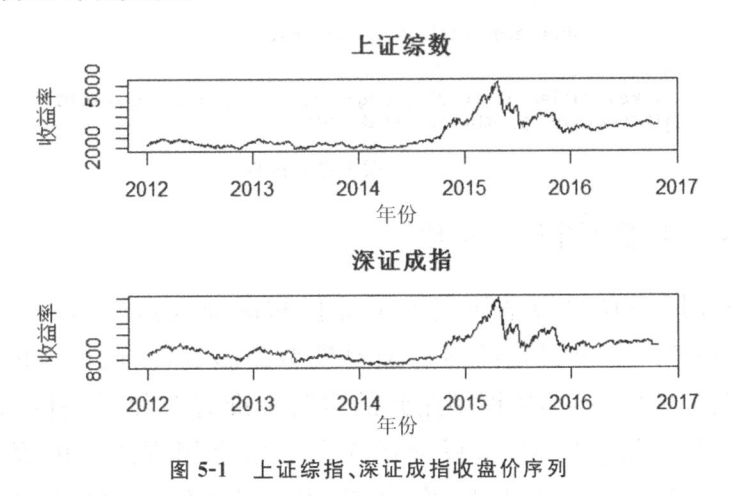

图 5-1 上证综指、深证成指收盘价序列

2. 相关性分析与平稳性检验

为了更加准确地判断出两者之间的关联程度,对两组数据进行相关性分析,检验方法为 Pearson 检验。在这里,为了后续的建模方便,进行相关性分析的数据是经过对数差分化处理的,即取对数收益率序列。从表 5-1 可以看到两者相关系数达到了 0.9257611,说明上证综指和深证成指之间存在着较为密切的正相关性。

表 5-1 上证综指与深证成指相关系数

	上证综指	深证成指
上证综指	1	0.9257611
深证成指	0.9257611	1

在以上相关性分析的基础上,还需要对数据进行平稳性检验,在这里原假设均为数据非平稳,从检验的结来看,p 值较小,两组数据均拒绝了原假设,即认为数据为平稳(图 5-2)。

```
        Augmented Dickey-Fuller Test

data:  sh
Dickey-Fuller = -10.243, Lag order = 10, p-value = 0.01
alternative hypothesis: stationary

        Augmented Dickey-Fuller Test

data:  sz
Dickey-Fuller = -10.293, Lag order = 10, p-value = 0.01
alternative hypothesis: stationary
```

图 5-2 数据平稳性检验

3. VAR 模型定阶及构建

使用 VAR 模型来研究上证综指和深证成指之间的影响关系,需要考虑各个因素的滞后期对模型的影响,因此模型的准确定阶尤为重要。VAR 模型用到的定阶标准有 3 种,分别是 AIC、BIC 和 HQ 信息准则,这里使用大家通常会用到的 AIC 信息准则。最终的定阶结果为 10 阶,因此,构建 VAR(10)模型,在去除不显著的系数后,相应的模型表达式如下:

$$SH_t = 0.1932SH_{t-4} + 0.1408SH_{t-10} - 0.173SZ_{t-10} + 0.000013$$

$$R^2 = 0.04316$$

$$SZ = 0.132SZ_{t-3} + 0.2334SH_{t-4} - 0.133SZ_{t-4} - 0.1981SZ_{t-10} + 2.57 \times 10^{-5}$$

$$R^2 = 0.04146$$

从拟合的模型来看,上证综指和深证成指对自身和对方的影响主要来自于滞后 4 期和滞后 10 期,也就是说较远期的信息对两者的影响更大。我们也观察到模型的可决系数比较低,说明该模型的解释能力不足。事实上我们尝试过利用 HQ 信息准则定义过一个 VAR(1) 模型,但得到的各项系数均不显著,同时看到可决系数分别为 0.004695 和 0.004168。

4. 脉冲响应分析

在以上构建 VAR 模型的基础上,进一步构建脉冲响应函数来分析两者之间的相互冲击及响应程度(图 5-3、图 5-4)。

图 5-3 脉冲响应分析图

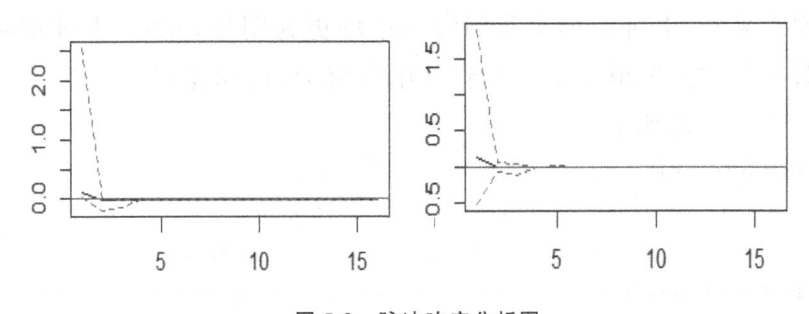

从图 5-3 脉冲响应分析图可以看到,上证综指对深证成指有着较大影响。从脉冲响应分析图来看,这种影响是负面的,在冲击开始时迅速达到一个最大值后,虽有回落,但后期仍存在较远的影响。相对应的,深证成指对上证综指的影响在首期达到了一个较大值后,迅速回落趋近于零。

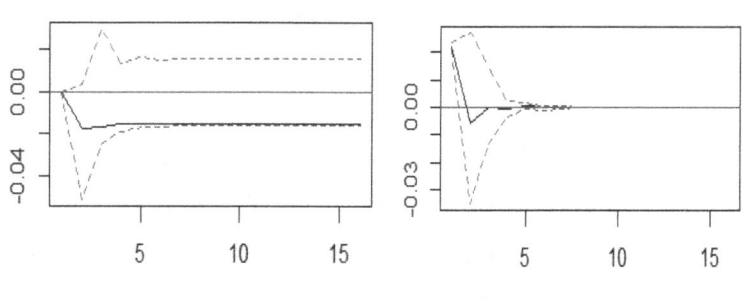

图 5-4　脉冲响应分析图

5. 结论

本节在对上证综指和深证成指进行相关性分析的基础上,构建了 VAR(10)模型,对两者之间的关系进行了分析,结果发现:我国资本市场影响因素众多,通过对其收益率序列构建 VAR 模型并不能有效地反映出两者之间的影响关系;脉冲响应分析的结果表明,上证市场对深证市场有着较大的影响,而深证市场对上证市场的影响并不显著,并且会在短时间内消失;从两个市场的影响力来看,上证市场对我国资本市场更为明显,同时,上证市场面对外部冲击能够依靠自身快速响应能力,迅速化解。

核心代码如下:

```
# 对数收益率计算
sh= diff(log(read.csv('上证综合指数.csv',header = T)[,5]))
sz= diff(log(read.csv('深证成指.csv',header = T)[,5]))
# 收益率序列绘图
par(mfrow= c(2,1),mar= c(5,4,3,2))
time= 1:1213/252+ 2012
plot(time,ysh,xlab= '时间',ylab= '收益率',main= '上证综数',type= 'l')
plot(time,ysz,xlab= '时间',ylab= '收益率',main= '深证成指',type= 'l')
cov_sh= cor.test(sh, sz, alternative = "two.side", method = "pearson",conf.level = 0.95)
```

```
cov_shMYMestimate # 相关性检验
library(tseries) # 数据的平稳性检验
adf.test(sh)
adf.test(sz)   ## 两组数据都平稳
library(vars)
VARselect(data,lag.max = 20,type = 'both')  # 模型定阶
var.model= VAR(data,p= 10,type = 'both') # 模型构建
var.model
summary(var.model)
# 脉冲响应分析
svec.irf= irf(svec,response = 'sh',n.ahead = 15,boot = TRUE)
par(mfrow= c(2,1))
plot(svec.irf,all.terms= TRUE,page= 1)
svec.irf= irf(svec,response = 'sz',n.ahead = 15,boot = TRUE)
par(mfrow= c(1,1))
plot(svec.irf,all.terms= TRUE,page= 1)
```

5.4 协整模型

1. 单整[1]

对原序列进行单位根检验的过程中,如果检验结果说明其不存在单位根,则说明序列$\{x_t\}$显著平稳,这时可以称序列$\{x_t\}$为零阶单整序列,简记为 $x_t \sim I(0)$。

假如原假设不能被显著拒绝,说明序列$\{x_t\}$存在单位根,为非平稳序列。对这种非平稳的序列可以适当差分,以消除单位根实现平稳。当原序列一阶差分后变为平稳,说明原序列存在一个单位根,这时称原序列为一阶单整序列,简记为 $x_t \sim I(1)$,假如原序列至少需要进行 d 阶差分才能实现平稳,说明原序列存在 d 个单位根,这时称原序列为 d 阶单整序列,简记为 $x_t \sim I(d)$。

---

[1] 高铁梅主编.计量经济分析方法与建模[M].北京:清华大学出版社,2006.

2. 单整序列的性质

单整衡量的是单个序列的平稳性,它具有如下重要性质:
(1) 若 $x_t \sim I(0)$,对于任意非零实数 a,b 有
$$a + bx_t \sim I(0)$$
(2) 若 $x_t \sim I(d)$,对于任意非零实数 a,b 有
$$a + bx_t \sim I(d)$$
(3) 若 $x_t \sim I(0), y_t \sim I(0)$,对于任意非零实数 a,b 有
$$z_t = ax_t + by_t \sim I(0)$$
(4) 若 $x_t \sim I(d), y_t \sim I(c)$,对于任意非零实数 a,b 有
$$z_t = ax_t + by_t \sim I(k)$$
式中,$k \leq \max[d, c]$。

3. 协整的概念

在金融市场中我们会发现,许多序列并不是平稳的,具有一阶或者二阶单整性,但是这些非平稳的序列之间往往可能存在着共同的运动趋势,即存在着某种长期均衡关系。Engle 和 Granger 于 1987 年提出了协整的概念,用来有效度量这种协整关系,定义如下:

假定自变量序列为 $\{x_1\}, \cdots, \{x_k\}$,被解释变量序列为 $\{y_t\}$,构造回归模型

$$y_i = \beta_0 + \sum_{k=1}^{k} \beta_i x_{it} + a_t$$

假定回归残差序列 $\{a_t\}$ 平稳,我们称被解释序列 $\{y_t\}$ 与自变量序列 $\{x_1\}, \cdots, \{x_k\}$ 之间具有协整关系。

协整模型是用来衡量两组变量之间的长期均衡关系,事实上,变量序列在长期均衡关系基础上还存在着短期校正的关系,这种衡量短期波动的模型通常被称作误差修正模型,旨在揭示时间序列变化的动态特征。

协整关系的估计与检验一般会采用 E-G 两步法,第一步为协

整关系的估计与检验;第二步为误差修正模型的构建。在本章的实证分析中也是采用 E-G 两步法。

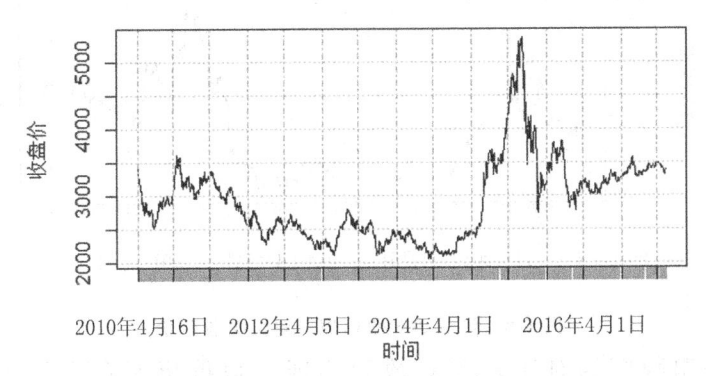

5.5　沪深 300 股指期货与现货的协整关系研究

股指期货对现货市场具有较强的价格发现能力。股指期货与现货之间的价格发现关系是监管机构、投资者和研究学者首先关注的问题。本节主要研究通过协整检验判断出沪深 300 股指期货与现货指数之间是否存在长期均衡关系。

此次研究数据选取为 2010 年 4 月 16 日到 2017 年 5 月 15 日之间共计 1719 个交易日的沪深 300 股指期货和现货指数的收盘价数据。研究发现在 1719 个交易日内股指期货和现货之间存在着长期的协整关系。

1. 数据描述

数据选取为 2010 年 4 月 16 日到 2017 年 5 月 15 日之间共计 1719 个交易日的沪深 300 股指期货和现货指数的收盘价数据。其中股指期货数据为每日主力合约的收盘价数据(图 5-5、图 5-6)。

图 5-5　沪深 300 股指期货数据

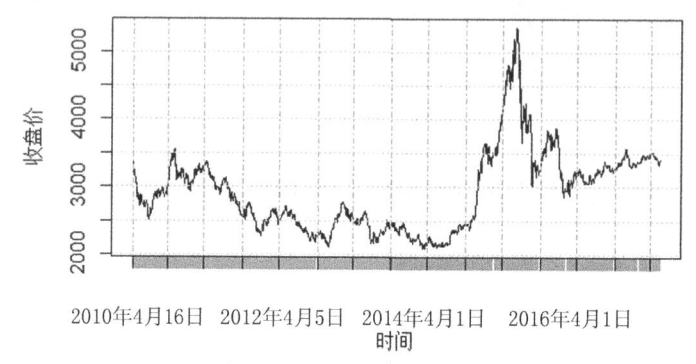

2010年4月16日　2012年4月5日　2014年4月1日　2016年4月1日
时间

图 5-6　沪深 300 股指现货

从两组收盘价的时序图来看,股指现货对比期货序列存在着较大的相似性。考虑到数据的易处理性,下面对两组数据做对数化处理(图 5-7、图 5-8)。

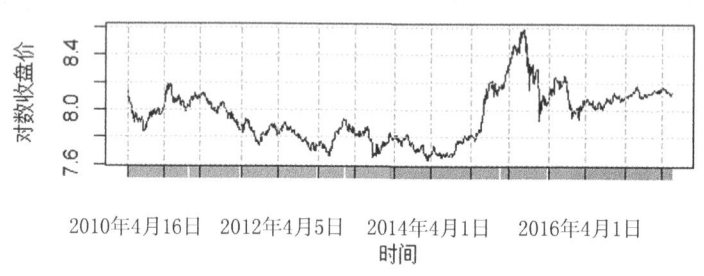

2010年4月16日　2012年4月5日　2014年4月1日　2016年4月1日
时间

图 5-7　沪深 300 股指期货对数化收盘价

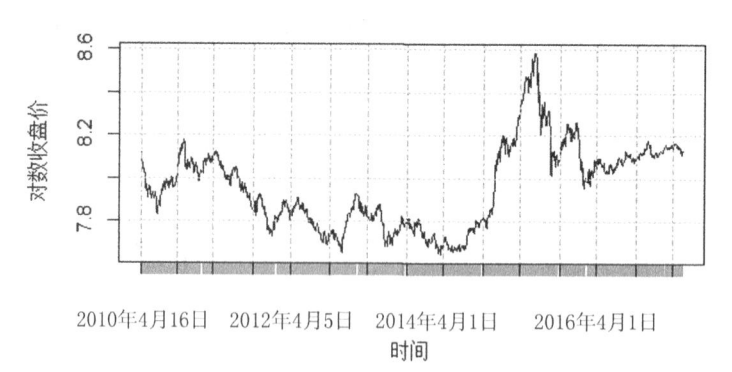

2010年4月16日　2012年4月5日　2014年4月1日　2016年4月1日
时间

图 5-8　沪深 300 股指现货对数化收盘价

两组数据的对比发现对数后的现货数据仍然存在较大的波动现象,但对比原始序列波动性已经放缓。对数化处理后的现货数据和期货数据大致也有同涨同跌的现象存在。

2. 平稳性检验

对股指期货和现货的对数化数据分别进行平稳性检验,发现沪深 300 股指期货数据检验值为 -1.8259,大于临界值 -2.57,不能拒绝原假设,因此为非平稳序列;沪深 300 现货数据检验值为 -1.6339,大于 -2.57,不能拒绝原假设,因此为非平稳序列(图 5-9、图 5-10)。

```
value of test-statistic is: -1.8259 1.6702
Critical values for test statistics:
     1pct  5pct  10pct
tau2 -3.43 -2.86 -2.57
phi1  6.43  4.59  3.78
```

图 5-9　股指期货平稳性检验结果

```
value of test-statistic is: -1.6339 1.3403
Critical values for test statistics:
     1pct  5pct  10pct
tau2 -3.43 -2.86 -2.57
phi1  6.43  4.59  3.78
```

图 5-10　股指现货平稳性检验结果

对序列进行一阶差分,从图 5-11 来看,观察到一阶差分后的股指期货和股指现货数据的检验值分别为 -31.215 和 -30.1571,远小于临界值 -2.58,因此可以认为一阶差分后的数据为平稳序列,满足构建协整模型的条件。

```
value of test-statistic is: -31.215
Critical values for test statistics:
     1pct  5pct  10pct
tau1 -2.58 -1.95 -1.62

value of test-statistic is: -30.1571
Critical values for test statistics:
     1pct  5pct  10pct
tau1 -2.58 -1.95 -1.62
```

图 5-11　一阶差分后的平稳性检验

3. 协整模型

构建协整模型的目的是检验沪深 300 股指期货和现货时间长期的均衡关系。

从图 5-12 可以看到协整模型各项系数的显著性水平都较高,模型的残差序列也是处于平稳状态,因此可以看到股指现货和期货的协整回归方程为

$$XH_t = -0.0714 + 1.0092QH_t + \bar{u}_t$$

其中,$\bar{u}_t$ 为回归方程的残差,为平稳序列;股指现货与股指期货之间的长期均衡系数为 1.0092,在此基础上,进一步地构建误差修正模型,研究股指现货和期货之间的短期动态调整系数(图 5-13)。

```
Coefficients:
            Estimate Std. Error t value Pr(>|t|)
(Intercept) -0.071422   0.011351   -6.292 3.97e-10 ***
QH           1.009237   0.001426  707.918  < 2e-16 ***
---
Signif. codes:  0 '***' 0.001 '**' 0.01 '*' 0.05 '.' 0.1 ' ' 1

Residual standard error: 0.01143 on 1717 degrees of freedom
Multiple R-squared:  0.9966,    Adjusted R-squared:  0.9966
F-statistic: 5.011e+05 on 1 and 1717 DF,  p-value: < 2.2e-16
```

图 5-12　协整模型信息

```
Value of test-statistic is: -12.1673 49.3515 74.0257

Critical values for test statistics:
      1pct  5pct 10pct
tau3 -3.96 -3.41 -3.12
phi2  6.09  4.68  4.03
phi3  8.27  6.25  5.34
```

图 5-13　协整检验

从图 5-14 来看,误差修正系数的各项值有着较高的显著性水平,因此误差修正模型的估计结果为:

$$\Delta XH_t = 0.0000115 + 0.8262\Delta QH_t - 0.1635ECM_{t-1}$$

其中,误差修正项

$$ECM_{t-1} = XH_{t-1} - 1.0092QH_{t-1} + 0.0714$$

因此可以看到股指现货与股指期货之间的短期调整系数为 -0.1635,系数为负,说明符合反向校正机制,股指期货能够以 -0.1635 的速度回调到长期均衡状态。

```
Coefficients:
             Estimate Std. Error t value Pr(>|t|)
(Intercept)  1.148e-05  1.387e-04    0.083    0.934
diff(QH)     8.262e-01  7.908e-03  104.479   <2e-16 ***
error.term  -1.635e-01  1.217e-02  -13.436   <2e-16 ***
---
Signif. codes:  0 '***' 0.001 '**' 0.01 '*' 0.05 '.' 0.1 ' '

Residual standard error: 0.00575 on 1715 degrees of freedom
Multiple R-squared:  0.8646,    Adjusted R-squared:  0.8644
F-statistic:  5476 on 2 and 1715 DF,  p-value: < 2.2e-16
```

图 5-14 误差修正系数值

4. 结论

本节以沪深 300 股指期货与股指现货之间的联动关系为例说明了协整模型的估计过程。从估计的结果中可以看到股指与股指期货之间的长期均衡系数为 1.0092，短期动态调整系数为 -0.1635。

5. 代码

```
# 数据平稳性检验
QH.test= ur.df(QH,type= "drift",selectlags = "AIC")
summary(QH.test)    # 不能拒绝原假设,数据非平稳
XH.test= ur.df(XH,type= "drift",selectlags = "AIC")
summary(XH.test)    # 不能拒绝原假设,数据非平稳
# 一阶差分后平稳性检验
DQH.test= ur.df(diff(QH),type= "none",selectlags = "AIC")
summary(DQH.test)   # 拒绝原假设,数据平稳
DXH.test= ur.df(diff(XH),type= "none",selectlags = "AIC")
summary(DXH.test)   # 拒绝原假设,数据平稳
# 构建协整模型
model.lm<- lm(XH~ QH)   # 构建协整模型
summary(model.lm)
# 残差检验
re.lm= resid(model.lm)  ## 提取残差序列
   plot(re.lm,xlab = '',ylab = '',main = '残差序列图',type = 'l') # 残差提取,画出残差序列图
   summary(ur.df(re.lm,type= 'trend',selectlags = "AIC"))
```

```
# 误差修正模型
error.term<- re.lm[- length(XH)]    # 残差项提取
data.ecm<- data.frame(dy1= diff(XH),dx1= diff(QH),error.term=
error.term)    ###将变量组织成数据框
model.ecm<- lm(diff(XH)~ diff(QH)+ error.term,data = data.ecm)
summary(model.ecm)
```

5.6 基于配对交易的统计套利研究

在股票市场上,关于交易的话题一般是买进低估值的股票,卖出高估值的股票,但是在实际操作中股票的真实价格是难以确定的。许多证券交易员的实战经验表明,相对价格是解决这个问题的有效方法,而配对交易也正是基于这种思想产生的。

基于套利定价理论(APT),如果两只股票具有相似的特征,那么这两只股票价格必须差不多接近。如果价格不同,就说明存在一只被低估或被高估的股票。配对交易包括卖出定价较高的股票、买入定价较低的股票,期待定价恢复正常时获得盈利。配对交易通过在市场中寻找价格走势相近的股票,组成配对进行交易。当配对中某只股票的价格明显走高,另一只股票的价格明显走弱,导致配对的价差出现较大程度的发散时,则做空强势股,做多弱势股,等待配对价差回复后同时平仓,赚取价差收敛的收益。配对交易是一种市场中性策略,具有收益稳定、风险小的特点。

本节利用配对交易的基本思想,利用相关系数方法,以沪深300生物医药板块为例选取相关系数较高的两只股票构建配对交易模型,并设置相应的配对交易套利规则。

1.数据选取与预处理

在进行配对交易时一个重要的问题是对备选股票进行筛选。在我国A股市场,股票数量达到了3000多只,以这些股票为备选股票进行配对是非常盲目且不现实的。因此,在对股票进行配对时首先要做到的第一步是缩小股票范围。

本节以涵盖了沪深股市60%市值的沪深300指数成分股为初步的备选股票池，但直接对这300只股票进行相关性配对分析，依然存在盲目性。为了进一步缩小备选范围，按每只股票所属行业进行分类，这样的好处是一个行业内的公司从经济含义来看一般具有相似的特征，处于一个行业内的公司更容易形成配对关系。

综上所述，在数据选取方面，选择了沪深300成分股中生物医药板块的17家上市公司2014年1月2日到2016年12月30日每日的收盘价数据。2014年1月2日到2015年12月31日为样本内数据，2016年1月4日到2016年12月30日为样本外数据（样本外数据用来统计套利的实证检验，本节的分析使用到的是样本内数据）。在这17只股票中，步长制药上市时间较短、必康股份存在较长停牌时间，因此，最终的备选股票为15只，在接下来的分析中以这15只股票的对数收盘价格为样本数据。

2. 相关系数配对方法

在配对方法中包含两大类：一类是基本面分析；一类是按照统计原理进行筛选。后者的方法包括离差平方和最小法、协整法、最小距离法和相关系数法等，本节用到的是最后一种：相关系数法。

相关系数 ρ 是描述两变量之间线性相关程度的定量指标，用于衡量变量之间的密切程度。ρ 的取值位于 $-1 \sim 1$ 之间，当 ρ 大于0时，表示变量为正相关；当 ρ 小于0时，表示两者为负相关，ρ 的绝对值越趋近于1说明两者的相关程度越高。关于相关程度的等级描述，一般认为 ρ 取值为 $0 \sim 0.3$ 为弱相关，$0.3 \sim 0.5$ 为低度相关，$0.5 \sim 0.8$ 为显著相关，超过0.8为高度相关。在选择配对交易对象时，相关性越高，交易机制便显得越稳健，尽管价差偏离的程度可能较低，每次操作的收益率也较低，却有更多的操作机会，能保证获利的可能性。

在本节中，对15只股票进行相关性检验，去除自相关后，共得到了105组检验结果，从检验的结果来看，东阿阿胶和同仁堂的相关系数最高为0.97235897，说明两者存在着高度的相关性。

从图 5-15 两只股票取自然对数后的走势图来看,两者的股价变动也存在着高度的相似性。

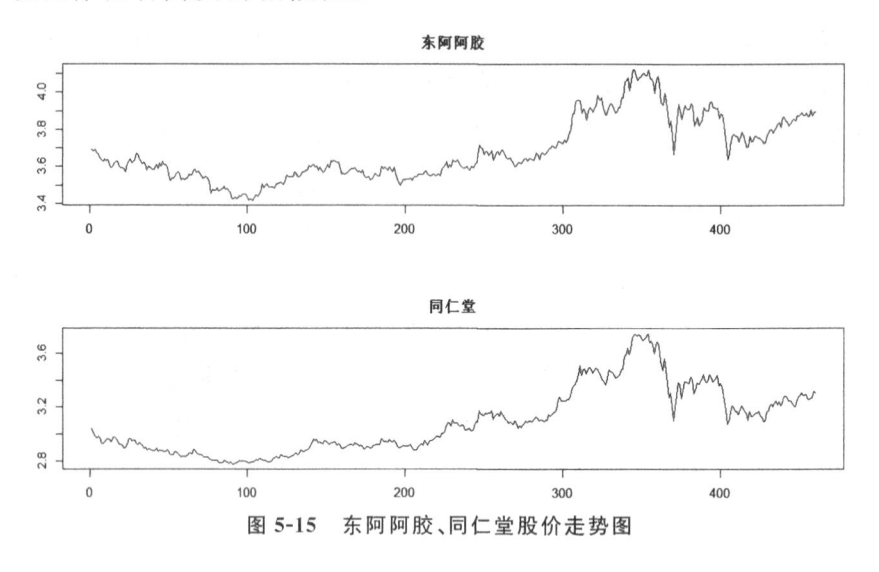

图 5-15 东阿阿胶、同仁堂股价走势图

3. 协整关系检验

从上述的分析中可以看到,东阿阿胶和同仁堂两者之间有着较高的相关系数,下面对两只股票进行协整检验,协整检验的步骤包括单位根检验、协整检验和误差修正模型。

1) 单位根检验

根据协整的原理,原序列非平稳,但一阶差分后为平稳序列,在检验两个序列是否具有协整关系时需要对两个序列进行单位根检验,即进行平稳性检验。检验的原假设序列是非平稳的,在 5% 显著性水平下,如果拒绝原假设即认为序列是平稳的,否则为非平稳的。图 5-16、图 5-17 分别给出了东阿阿胶和同仁堂两组序列的单位根检验结果,可以看到,两组检验结果均接受了原假设,即认为序列是非平稳的。

```
Augmented Dickey-Fuller Test

data:  de
Dickey-Fuller = -2.409, Lag order = 7, p-value = 0.4049
alternative hypothesis: stationary
```

图 5-16 东阿阿胶单位根检验

第5章 多元时间序列分析

```
Augmented Dickey-Fuller Test

data: tz
Dickey-Fuller = -2.2042, Lag order = 7, p-value = 0.4915
alternative hypothesis: stationary
```

图 5-17 同仁堂单位根检验

在对原对数序列进行一阶差分后,再次进行单位根检验,看到两组一阶差分后的数据均为平稳序列,因此原对数序列满足协整的条件(图 5-18、图 5-19)。

```
Augmented Dickey-Fuller Test

data: diff(de)
Dickey-Fuller = -7.505, Lag order = 7, p-value = 0.01
alternative hypothesis: stationary
```

图 5-18 东阿阿胶一阶差分单位根检验

```
Augmented Dickey-Fuller Test

data: diff(tz)
Dickey-Fuller = -6.3569, Lag order = 7, p-value = 0.01
alternative hypothesis: stationary
```

图 5-19 同仁堂一阶差分单位根检验

2) 协整检验

为了准确验证两只股票之间是否存在协整关系,采用 E-G 两步法进行检验,第一步是对经过单位根检验后的对数序列进行最小二乘回归,得到的回归结果(图 5-20)表示如下:

```
Coefficients:
            Estimate Std. Error t value Pr(>|t|)
(Intercept) 1.612570   0.023340   69.09   <2e-16 ***
tz          0.670544   0.007524   89.12   <2e-16 ***
---
Signif. codes: 0 '***' 0.001 '**' 0.01 '*' 0.05 '.' 0.1 ' ' 1

Residual standard error: 0.03928 on 458 degrees of freedom
Multiple R-squared:  0.9455,    Adjusted R-squared:  0.9454
F-statistic:  7943 on 1 and 458 DF,  p-value: < 2.2e-16
```

图 5-20 同仁堂对东阿阿胶的回归系数

回归方程表示如下:

$$DEEJ_t = 1.6126 + 0.6705 TRT_t + \mu_t$$

提取上述最小二乘回归的残差进行 ADF 单位根检验,检验结果拒绝原假设,认为残差为平稳序列,检验的结果如图 5-21 所示。

```
Augmented Dickey-Fuller Test
data: res
Dickey-Fuller = -10.582, Lag order = 7, p-value = 0.01
alternative hypothesis: stationary
```

图 5-21 残差单位根检验

3) 误差修正模型

根据 E-G 两步法协整模型建模步骤,第二步是构建误差修正模型,估计的结果如图 5-22 所示。

```
Coefficients:
            Estimate Std. Error t value Pr(>|t|)
(Intercept) 0.0000157  0.0007335   0.021    0.983
Dtz         0.7078124  0.0254720  27.788   < 2e-16 ***
error.term -0.0821470  0.0187442  -4.383 1.46e-05 ***
---
Signif. codes:  0 '***' 0.001 '**' 0.01 '*' 0.05 '.' 0.1 ' ' 1

Residual standard error: 0.01571 on 456 degrees of freedom
Multiple R-squared:  0.6346,    Adjusted R-squared:  0.633
F-statistic: 395.9 on 2 and 456 DF,  p-value: < 2.2e-16
```

图 5-22 误差修正模型

因此误差修正模型为

$$DDEEJ = 0.00016 + 0.7078 DTRT - 0.08215 ECM_{t-1}$$

误差修正项为:$ECM_{t-1} = DEEJ_{t-1} - 1.6126 - 0.6705 TRT_{t-1}$

观察到检验 p 值,得到误差修正模型通过了回归系数及回归方程的显著性检验。误差修正系数取值为负,符合反向校正机制,说明东阿阿胶能够以 -0.08215 的调整速度恢复到长期均衡状态。

从长期关系来看,两只股票之间的序列价差为

$$Spread_t = DEEJ_t - 0.7606 TRT_t$$

即在交易触发时买入一手东阿阿胶股票时需要卖出 0.7606 手同仁堂股票,在卖出一手东阿阿胶股票时需要买入 0.7606 手同仁堂股票。

4.配对交易规则设定

关于配对交易,本节主要讲授其交易的思想和主要步骤,并未涉及具体的交易,在下文中给出了配对交易规则的设定方法和步骤,有兴趣的读者可以模拟尝试。

一般而言,配对交易的操作可分为以下步骤:对配对股票之间的价格差进行跟踪,当价格差过大,达到交易触发点时,立即进行操作,买入价格相对处于弱势的股票,卖出价格处于相对强势的股票。而当价格差异减小到一定程度的时候,则结束头寸,完成交易;而对于触发交易的价格差的选择会直接影响到交易的收益率,因此对于触发交易的价格差的选取也是非常重要的。此外,还必须有风险防范意识,若价格差没有收敛的趋势,则需要设好止损点止损。

本节以东阿阿胶和同仁堂股票为例简要介绍配对交易过程中关于进场点和止损点的设置。

1)进场点

在本节中,为了使得价差序列呈现出 0 均值状态,对价差序列 $Spread_t$ 去均值,得到一个去中心化的 $Mspread_t$。

(1)当 $Mspread_t > 0$ 时,说明回归方程中东阿阿胶的股价相对于同仁堂的股价是高估的,当 $Mspread_t$ 大到可以覆盖双边交易成本时,便可以卖出相对高估的东阿阿胶股票,买入相对低估的同仁堂股票。在 $Mspread_t$ 恢复到 0 时进行平仓获得利润。

(2)当 $Mspread_t < 0$ 时,说明回归方程中东阿阿胶的股价相对于同仁堂的股价是低估的,当 $Mspread_t$ 小到可以覆盖双边交易成本时,便可以买入相对低估的金融街股票,卖出相对高估的泛海建设股票。在 $Mspread_t$ 恢复到 0 时进行平仓获得利润。

(3)关于交易出发点,许多研究认为 0.75 倍的价差标准差是最佳的交易信号值,能够使收益达到最大,因此可以考虑将 0.75 倍的价差标准差作为交易出发点。

2)止损点

关于止损点的设置可以基于风险极值 Var 的思想,当变量服从正态分布时,有 95% 的把握保证其偏离均值的程度不会超过 2 倍标准差,而本节构建的价差序列是近似服从正态分布的,因此认为当价差偏离均值的程度超过 2 倍标准差时,则 5% 的小概率事件发生了,价差可能会继续偏离,而不会向均值回归,因此要及时止损。因此可以采用 2 倍标准差的方法设置止损点。

结论:关于交易规则的设定,还包含交易成本和收益率计算,这些本节不再详细叙述,有兴趣的读者可以自行查阅相关的统计套利文献。事实上关于配对交易的实际操作中有许多细节值得认真考虑,本节只以东阿阿胶和同仁堂股票为例简单介绍了配对交易的思想和过程,实际交易还需要读者反复揣摩。

代码如下:

```
## 计算相关系数代码
data_cov<- function(data){
  data_c<- data.frame()
  for (i in 1:ncol(data)) {
    for (j in 1:ncol(data)) {
      cov_sh= cor.test(data[,i],data[,j], alternative = "two.side", method = "pearson",conf.level = 0.95)
      cov1= cov_shMYMestimate
      data_c<- rbind(data_c,c(i,j,cov1))
    }
  }
  colnames(data_c)<- c("i_1","j_1","cov_1")
  return(data_c)
}
m1= data_cov(datause)
sort(m1MYMcov_1, decreasing = T)
# 平稳性检验
library(tseries)
adf.test(de)
adf.test(tz)
adf.test(diff(de))
```

```
adf.test(diff(tz))
# 协整模型第一步
model1= lm(de~ tz)
summary(model1)
res= resid(model1)
summary(ur.df(res,type= 'none',selectlags = "AIC")) # 残差检验
# 误差修正模型
Dde= diff(de)
Dtz= diff(tz)
error.term<- res[- length(de)]   # 残差项提取
data.ecm<- data.frame(dy1= Dde,dx1= Dtz,error.term= error.term)
### 将变量组织成数据框
model.ecm<- lm(Dde~ Dtz+ error.term,data = data.ecm)
summary(model.ecm)
```

第6章 金融资产定价分析

6.1 资本资产定价模型及其应用

Sharpe(1964)、Lintner(1965)和 Mossin(1966)共同提出了资本资产定价模型(CAPM)。资本资产定价模型是以组合投资理论为基础,解释资本资产定价问题,其主要包含以下几个基本假设:①整个市场是完全竞争状态;②所有投资者对证券收益率概率分布的看法一致,投资者具有相同预期,即他们对预期收益率、标准差和证券之间的协方差具有相同的预期值;③所有投资者的投资周期相同;④对于所有投资者而言,无风险利率是相同的;⑤所有投资者以最优组合投资决策行事;⑥风险承担者会获得相应的报酬。

作为现代金融理论的三大支柱之一,资本资产定价模型量化分析了投资者的风险报酬,这一模型不仅仅是金融资产定价的均衡模型,也是第一个可以用统计方法进行检验的金融资产定价模型。资本资产定价模型建立了资本风险与收益的关系,这是这一模型最重要的意义,同时模型还明确指出了证券的无风险收益率与风险补偿两者之和就是证券的期望收益率,解释了证券报酬的内部结构。资本资产定价模型的应用主要包括以下几个方面:

(1)利用资本资产定价模型的公式可以计算资产的预期收益率。

(2)利用资本资产定价模型可以更方便地进行资产分类。

(3)利用资本资产定价模型可以方便地对资产定价。

(4)在资本资产定价模型的协助下可以进行投资组合的绩效评定。

6.1.1 资本资产定价模型简述

在资本资产定价模型中,风险被分为系统风险和非系统风险,非系统风险是可以通过资产多样化分散的风险,它是一种特定公司或行业所特有的风险;系统风险是股票市场本身所固有的风险,这种风险由那些影响整个市场的风险因素引起,而且不能够通过资产多样化分散消除的风险,以贝塔系数来表征。

1. 资本市场线

资本市场线(CML)描述了有效投资组合超出期望收益与风险之间的关系,数学表达式为

$$E(R_p) = r_f + \frac{E(R_m) - r_f}{\sigma R_m} \sigma R_p \tag{6-1}$$

其中,R_p 表示投资组合收益,r_f 表示无风险利率,R_m 为市场投资组合收益。式中 $[E(R_m) - r_f]/\sigma R_m$ 意味着单位风险所承担的溢价。

2. 证券市场线

CML 用于描述有效投资组合的预期溢价与风险之间的关系。然而,对于个别证券的定价问题,一般用证券市场线(SML)来表示。证券市场线描述了单个证券超出期望收益与系统(市场)风险之间的关系,表达式为

$$E(R_i) - r_f = \beta_i [E(R_m) - r_f] \tag{6-2}$$

其中,R_i 为第 i 个证券收益,$\beta_i = Cov(R_i, R_m)/Var(R_m) = \sigma R_i, R_m/\sigma^2 R_m$ 为第 i 个证券的系统风险,可以验证到 $\beta_m = 1$,意味着市场组合的系统风险为 1。

在实际应用中,β 值可以用来定义风险报酬。对于单个证券或证券组合 i,当 $\beta_i > 1$ 表示单个证券或组合证券 i 系统风险高于市场

风险,预期收益高于市场收益;$\beta_i<1$ 表示单个证券或组合证券 i 系统风险低于市场风险,预期收益低于市场收益;$\beta_i=1$ 表示单个证券或组合证券 i 系统风险等于市场风险,预期收益等于市场收益。

在投资分析中 β 值也可以用来划分证券类型。当 $\beta_i>1$ 时市场收益率上升时,证券或证券组合的收益率上升幅度比市场平均幅度大;反之,它的下跌幅度也比市场平均幅度大,这类资产属于进攻型证券或证券组合,多见于发展速度较快的高科技行业;当 $\beta_i<1$ 表示在市场收益上升时,证券或证券组合的收益率上升幅度比市场平均水平低,当市场收益率下降时,它的下降幅度也小,这类资产属于保守型证券或证券组合,多见于公用事业和食品行业;当 $\beta_i=1$ 时它的收益率变动幅度与市场收益率完全一样。

在证券市场线中,$[E(R_m)-r_f]$ 被称为市场组合的 Treynor 比率。在证券市场线中的所有证券都具有相同的 Treynor 比率。Treynor 比率在实际选股法则中的应用为:如果某个证券的 Treynor 比率高于 SML 的 Treynor 比率,则买入该证券;反之,卖出。在有效市场假说下,单个证券的 Treynor 比率总是小于等于市场的 Treynor 比率,因此,一旦某个证券的 Treynor 比率大于市场的 Treynor 比率,就可以获得非正常溢价,通常称这种超出正常市场报酬的非正常溢价为 alpha 值。

3. 资产定价模型参数估计

将公式(6-2)进行变换,以 $R_{i,t}^*$ 表示 $R_{i,t}-r_{f,t}$,以 $R_{m,t}^*$ 表示 $R_{m,t}-r_{f,t}$,分别表示为单个资产和市场组合的超出部分,因此有

$$R_{i,t}^* = \beta_i R_{m,t}^* + \varepsilon_{i,t} \tag{6-3}$$

其中,$\varepsilon_{i,t}$ 为随机误差项。在这里考虑到非正常的超额回报,引入 alpha 值,则

$$R_{i,t}^* = \alpha_i + \beta_i R_{m,t}^* + \varepsilon_{i,t} \tag{6-4}$$

关于式(6-4)中 α_i 和 β_i 的估计,可以使用普通最小二乘法。单个证券的系统风险可以通过 β_i 表示,非系统风险通过 α_i 来表示,当 $\alpha_i>0$ 说明单个证券被低估了,该证券可以取得非正常的超额收益。

在对公式(6-4)取方差后可以清楚地看到,单个证券的风险可以被分解为市场风险 $\beta_i^2\sigma_m^2$ 和特有风险 σ_ε^2 两部分,前者不具有可分散性,后者可以通过多样化的投资来降低。

6.1.2 CAPM模型在资产分类中的应用实证分析

本节的实证研究旨在于说明CAPM模型在个股定价中的应用,所讨论的内容也是简要的,具体实际应用还需要读者多方面考虑分析。下面利用沪深300指数作为市场组合的代表,选择保利地产(BLDC)、东方航空(DFHK)、京东方(JDF)、同方股份(TFGF)、万科(WK)、兴业银行(XYYH)和阳光城(YGC)为单个证券,样本的区间为2014年1月31日到2016年12月30日,选取样本时间段的月对数收益率为样本数据。关于无风险利率的设定,本节设定样本区间内无风险利率为2.38%,并转化月收益率为0.197%(关于无风险利率的设定,读者可以参考一年期国债利率或一年期银行定期存款利率)。

1. 模型估计

利用前面介绍的CAPM参数估计方法,本节对各个资产的 α 和 β 值进行估计并画出基于沪深300指数为市场组合的资本市场线(图6-1)与证券市场线(图6-2)(本节用到了许启发[①]老师部分自编代码)。图6-1的横坐标表示风险,纵坐标表示收益,即风险溢价,可以看到报酬随着风险的增大而增加。图6-2将资本市场线和各单个资产的 β 系数在一起表示出来。可以看到WK、DFHK、TFGF、YGC和XYYH在资本市场线之上,说明这些资产的价值被低估,相反JDF和BLDC的价值被高估。

---

① 许启发.R软件及其在金融定量分析中的应用[M].北京:清华大学出版社,2015.

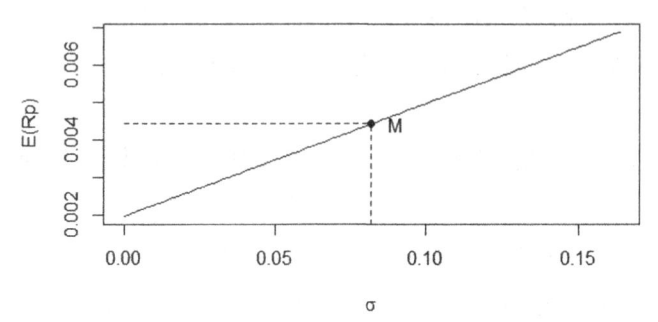

图 6-1 资本市场线(以沪深 300 指数为市场组合)

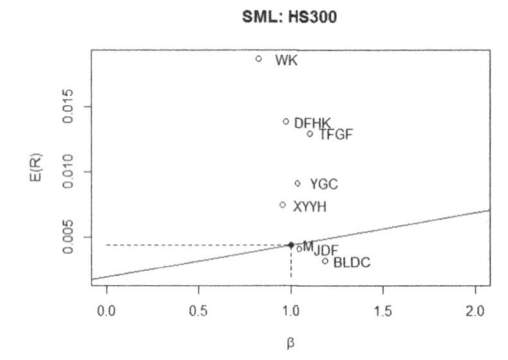

图 6-2 证券市场线(以沪深 300 指数为市场组合)

关于这些资产的 α 和 β 系数可以通过 R 中的 CAPM.alpha 函数和 CAPM.beta 函数得到,相关统计结果如图 6-3 所示。

	BLDC to HS300	DFHK to HS300	JDF to HS300	TFGF to HS300	WK to HS300	XYYH to HS300	YGC to HS300
Alpha	-0.0017	0.0095	-4e-04	0.0083	0.0146	0.0031	0.0046
Beta	1.1881	0.9706	1.0467	1.104	0.8244	0.9538	1.036
Beta+	1.7941	0.7862	0.9036	0.0668	0.8495	1.1469	0.7444
Beta-	1.0316	0.8652	1.2823	1.6507	0.9274	0.7982	1.4809
R-squared	0.6594	0.3688	0.6633	0.3944	0.2388	0.66	0.4077
Annualized Alpha	-0.0204	0.1197	-0.0052	0.1037	0.1904	0.0381	0.057
Correlation	0.812	0.6073	0.8144	0.628	0.4886	0.8124	0.6385
Correlation p-value	0	0	0	0	5e-04	0	0
Tracking Error	0.2479	0.3602	0.2119	0.3891	0.4204	0.1946	0.3543
Active Premium	-0.0551	0.0579	-0.0338	0.0068	0.1103	0.024	-0.0105
Information Ratio	-0.2219	0.1606	-0.1594	0.0176	0.2624	0.1234	-0.0296
Treynor Ratio	-0.0544	0.0472	-0.0419	-0.0038	0.1178	0.0134	-0.0204

图 6-3 CAPM 统计结果

可以看到价值被低估的证券都具有正的 alpha 值,其在图 6-2 中的分布也处于资本市场线之上;反之,alpha 值为负的说明被高估。

2. 结论

本节讲解了资本市场定价模型的基本思想和用途,并结合实例对资本资产定价模型的应用作了说明,当然我们的实证是比较简单粗略的。

资本资产自出现以来一直备受追捧,虽然有学者对 CAPM 模型存在质疑,认为将风险资产的报酬率仅仅与市场风险这一单一共同因素存在线性关系进行分析是不严谨的,但 CAPM 定价模型理论清晰,形式简单明了,受到投资和实业界的广泛认同,仍不失为一种有效的金融资产定价方法。

3. 代码

```
library("PerformanceAnalytics")# 风险分析与绩效评价包
CAPM.RiskPremium(Ra= totaldata[,2:8,drop= FALSE], Rf= Rf) # 计算风险溢酬
CAPM.CML.slope(Rb= totaldata[,1,drop= FALSE], Rf= Rf) # 计算资本市场线斜率
CAPM.SML.slope(Rb= totaldata[,1,drop= FALSE], Rf= Rf)  # 计算证券市场线斜率
CAPM.CML(Ra= totaldata[,2:8,drop= FALSE], Rb= totaldata[,1], Rf= Rf)  # 计算资产预期收益
```

6.2 多因子模型

在上一节的结尾讲到了 CAPM 模型的局限性,即只考虑了一个市场风险因子。Ross 在 1976 年对 CAPM 模型进行推广,得到了套利定价理论(APT),在这个假设下投资者对期望收益率的预期可以是不同的,也不需根据市场指数对模型进行评价。APT

模型的建立为学者们研究问题打开了新的思路,可以说因子模型就是基于 APT 模型的,他们都是利用不确定的因素来解释股价的。对比来说就是,CAPM 模型中的解释变量为市场组合,而因子模型的解释变量为潜在因子。

6.2.1 单因子模型

假定有 N 个风险资产,其收益表示为 $R_i, i=1,2,\cdots,N$。在单因子模型中,可以建立如下表达式:

$$R_i = \alpha_i + \beta_i F + \varepsilon_i, i=1,2,\cdots,N \quad (6-5)$$

式中,α_i 表示不受因子 F 影响的证券 i 的收益,称无风险收益;β_i 为因子载荷,体现了因子对证券期望收益的影响程度;ε_i 为随机误差项,反映证券收益与期望收益的差异,由不确定因素引起。在单因子模型中,一般要求:(1) $E(\varepsilon_i)=0$;(2) $Cov(\varepsilon_i,\varepsilon_j)=0$,当 $i \neq j$ 时;(3) $Cov(\varepsilon_i,F)=0$。

对公式(6-5)取期望可以得到

$$E(R_i) = \alpha_i + \beta_i E(F), i=1,2,\cdots,N \quad (6-6)$$

表示证券 i 的收益由两部分组成,一部分可以由因子 F 来解释,一部分为自有的期望收益。

对公式(6-5)取方差可以看到 $Var(R_i) = \beta_i^2 Var(F) + Var(\varepsilon_i), i=1,2,\cdots,N$

表明证券 i 的风险也是由两部分组成:一部分受因子 F 风险的影响,成为风险因子;一部分为自有风险,成为非因子风险。

关于分散化投资能够降低非因子风险的原因可以从以下分析中得到。考虑将单个因子模型决定的 N 个资产进行组合投资,资产权重设置为 $w_i, i=1,2,\cdots,N$,形成一个投资组合 P,收益满足:

$$R_p = \sum_{i=1}^{N} w_i R_i = \sum_{i=1}^{N} w_i \alpha_i + (\sum_{i=1}^{N} w_i \beta_i) \cdot F + \sum_{i=1}^{N} w_i \varepsilon_i \equiv \alpha_P + \beta_P F + \varepsilon_P$$

$$(6-7)$$

可以得到 $Var(R_p)=\beta_p^2 Var(F)+Var(\varepsilon_p)$，因此可以看到当满足单因子模型的单个金融资产，其组合投资也满足单因子模型的基本规律。当所有金融资产的自有风险相同，都为 σ^2 时，有

$$Var(\varepsilon_p)=(\sum_{i=1}^{N}w_i^2)\sigma_\varepsilon^2 \geqslant (\sum_{i=1}^{N}\frac{1}{N^2})\sigma_\varepsilon^2=\frac{\sigma_\varepsilon^2}{N} \quad (6\text{-}8)$$

在式(6-8)中，等号在 $w_1=w_2=\cdots=w_N$ 时成立。当 $N\to\infty$，有 $Var(\varepsilon_p)\to 0$，表示分散化存在降低非因子风险的效果，此时组合风险近似等于因子 F 的风险。

6.2.2 多因子模型

事实上证券的价格波动往往是由于多因素引起的，证券收益的影响因素很多，因此需要建立多因子模型：

$$R_i=\alpha_i+\beta_{i1}F_1+\beta_{i2}F_2+\cdots+\beta_{ik}F_k+\varepsilon_i, i=1,2,\cdots,N \quad (6\text{-}9)$$

式中，$F_1,F_2,\cdots,F_k$ 表示对 k 个公共因子；$\beta_{i1},\beta_{i2},\cdots,\beta_{ik}$ 为因子载荷；ε_i 为随机误差项，满足：(1) $E(\varepsilon_i)=0$；(2) $Cov(\varepsilon_i,\varepsilon_j)=0$，当 $i\neq j$ 时；(3) $Cov(\varepsilon_i,F_j)=0$。

对于多因子模型，其表达方式一般有三种：

第一，截面回归形式。在任意时刻 t，将每一资产信息堆积成一个向量。

第二，时序回归形式。对任意资产 i，将其每一时刻的观测信息堆积成一个向量。

第三，多重多元回归形式。综合所有资产在所有时刻的信息。

在多因子模型中，有两个关键问题需要解决：第一，公共因子数目 k 的确定；第二，潜在公共因子 $F_1,F_2,\cdots,F_k$ 的估计。可以使用多元统计分析中的因子分析来完成或者独立成分分析(ICA)等方法分解。当然也可以根据经验直接指定因子，如 Fama-French 的三因子模型中所指定的市场溢酬因子(RMRF)、规模因子(SMB)、账面市值比因子(HML)。

在下面的实证中，将会以宏观经济因素为例来说明一种估计

潜在的公共因子的方法。这个方法借鉴了 Chen 等人 1980 年的案例,在这个案例中主要考虑了两个宏观经济变量(城镇居民消费价格指数 CPI 和居民就业人数 CEN)作为公共因子,来检验这两个因子的有效性。在 Chen 的总结中,利用最小二乘法来获得多因子模型的估计结果,通过 R^2 很低来说明 CPI 和 CEN 这两个宏观经济变量的解释能力都很低。

6.2.3 宏观经济多因子模型分析

本节利用商品零售价格指数 RPI 和城镇居民消费价格指数两个变量来探讨基于回归法的多因子模型,依然使用上一节中用到的 7 组股票数据,在本节中所使用到的股票数据为超额收益率数据,即原始股票收益率减去对应月份的一年期人民币定期存款利率。为获取宏观经济变量中不可预期的变化或意外,本节对两组宏观经济数据构建了 VAR 模型,以其残差序列作为宏观经济因子。

首先对两组宏观经济变量构建 VAR 模型,为了去除宏观经济变量中存在的季节周期效应,对数据进行了滞后 12 阶的差分处理。以差分处理后的数据构建 VAR 模型。利用 AIC 和 HQ 信息准则(图 6-4),构建了 VAR(10)模型。

```
$selection
AIC(n)  HQ(n)  SC(n) FPE(n)
  10     10     10    10

$criteria
                 1            2            3            4            5            6
AIC(n)  -4.52146643  -4.27256892   -4.2713518  -4.22278989  -4.22667450  -4.61555184
HQ(n)   -4.40999373  -4.10535986   -4.0484064  -3.94410814  -3.89225639  -4.22539738
SC(n)   -4.13435981  -3.69190898   -3.4971386  -3.25502333  -3.06535462  -3.26067864
FPE(n)   0.01092675   0.01418403    0.0145503   0.01593255   0.01697912   0.01275984
                 7            8            9           10
AIC(n)  -4.79359679  -5.291299095  -5.995104497  -6.918245737
HQ(n)   -4.34770598  -4.789671936  -5.437240996  -6.305145876
SC(n)   -3.24517028  -3.549319273  -4.059571362  -4.789159288
FPE(n)   0.01246331   0.009551723   0.006749656   0.004829329
```

图 6-4 VAR 模型定阶结果

接着提取 VAR 模型的残差序列与 7 只股票的超额收益率序列分别做线性拟合,表 6-1 给出了回归模型中 CPI 和 RPI 的各项系数值,以 beta 表示。

表 6-1　CPI 和 RPI 意外的 beta 值

股票名称	CPI 意外的 beta 值	RPI 意外的 beta 值
BLDC	−0.4510965	0.8203346
DFHK	−0.2071351	0.3013668
JDF	−0.2385886	0.3244702
TFGF	−0.1979	0.3507631
WK	−0.7307772	1.0719178
XYYH	−0.1708427	0.3671026
YGC	−0.4508812	0.6253956

从各只股票意外的 beta 值来看,对于 CPI 来说所有股票的超额收益率与 CPI 都是负相关的;相反,股票的超额收益率与 RPI 都是负相关的。同 Chen 文章的结果一样,看到在所有的股票中,其超额收益率的 R^2 都比较低,R^2 的最大值为万科的 0.1401811,R^2 的均值为 0.0773005,说明本节选用的两组宏观经济变量对 7 只股票的超额收益率解释能力很低(图 6-5)。

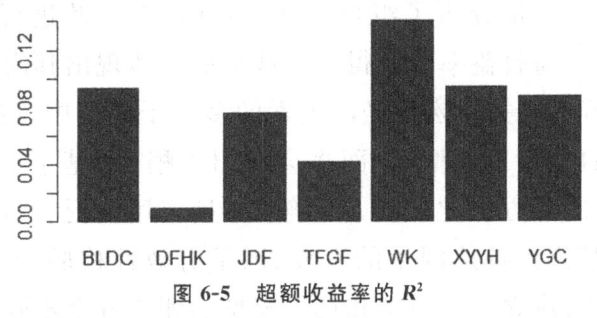

图 6-5　超额收益率的 R^2

结论:回归法是多因子模型的因子选择方法的一种,本节基于 Chen(1986)的研究,利用回归法构建了多因子模型,以 CPI 和 RPI 这两个宏观经济变量来研究其对 7 只股票的超额收益率序列解释程度,结果表明这两个宏观经济变量的解释程度较低。

6.2.4　多因子量化选股模型介绍

一般来说，多因子量化选股模型分为以下两种。

1. 基于打分的多因子模型

基于打分的多因子模型是最为常用的一种模型，它通过对因子所影响的股票进行评分，并对分值进行依次排序，选择出适当的组合规模，对于每个组合再次进行实证分析，可以明确地反映出各个组合的优势所在，而在这其中对于组合权重的分配又有不同的方法，权重分配法是最为简单也是最稳定的一种。它有效地规避了投资者因为自身偏好所造成的偏差，对于因子进行同等权重的分配，使得模型更加稳定。

2. 基于因子回归的多因子模型

基于回归的多因子模型主要是利用因子和收益率的线性关系进行分析，它的优点在于可以科学直观地找到一些组合，对这些组合进行实证分析后来指导模型的应用，但它也存在着一定的缺陷，它只是定量分析了组合的优劣，并没有对此进行一个明确的解释，对于高收益率的获得并不能很好地体现出其内在原因。

在本节上述关于宏观经济因素的多因子模型中，用到的就是基于回归的多因子模型，下面将会介绍丁鹏[①]的基于打分法的多因子模型，这种方法比较容易理解，并且应用广泛。该模型的建立步骤一般分为备选因子的选取、因子有效性检验、有效但冗余因子的剔除、建立选股模型和选股模型的评价五个步骤。

1）备选因子的选取

量化交易者们在选择候选因子时，主要是凭借自己对股票市场的认识和预判，并借助于市场规律，选择出可能有效的因子。

---

① 丁鹏.量化投资——策略与技术[M].北京:电子工业出版社,2012.

选取的候选因子越全面,则构建的投资组合越全面;选取的候选因子可靠性越强,投资组合的预期收益则会越高。一般通常分为对公司进行估值、成长能力、盈利能力、经营能力分析时所用到的一些基本的财务指标,如市盈率、市销率、净资产收益率等;也可以是技术指标,如量比、换手率、资金流向占比等;还可以是一些宏观经济变量等。当然这些指标也要具有广泛适用性和可筛选性。

2) 因子有效性检验

因子的有效性检验其实就是因子与股票收益率序列的相关性,当因子指标与股票收益率序列的相关性较大时即认为是有效因子。在打分法中其具体思路如下:对于任意一个因子在期初时按照每一只股票的因子大小(因子值)从小到大将股票分为 n 个组合,同样的方法在不同期重新构建 n 个组合,当这些不同期的组合全部构建完成后,计算这 n 个组合的年化复合收益率和超额收益等。进而按照以下标准对各个因子有效性进行检验:

(1) 如果某个因子能够对组合收益率产生明显的影响,就认为这个因子是有效的。具体来说就是组合序号 i 其年化复合收益率为 R,那么设 $R=[R_1,R_2,\cdots,R_n]'$,组合的序号以 $I=[i_1,i_2,\cdots,i_n]'$ 表示,那么 R 和 I 的关系的绝对值可以表示为:$Abs(corr(R,I))$ 同时必须满足 $Abs(corr(R,I)) \geqslant \min(corr)$。

在这里,$\min(corr)$ 表示设定的相关性阈值,当 $Abs(corr(R,I))$ 大于该阈值时才认为该因子通过了有效性检验。

(2) 令序号排在第 1 和第 n 的两个组合超额收益率分别为 AR_1 和 AR_n,当 AR_1 大于 AR_n 时,两者应该满足如下条件,即

$$AR_1 > \min AR_{top} > 0 \text{ 和 } AR_n < \min AR_{bottom} < 0$$

当 AR_1 小于 AR_n 时,两者应该满足如下条件,即

$$AR_n > \min AR_{top} > 0 \text{ 和 } AR_1 < \min AR_{bottom} < 0$$

其中,$\min AR_{top}$ 和 $\min AR_{bottom}$ 分别为两个极端组合的最小超出收益阈值,在这两个阈值下能够保证组合中存在一个明显跑赢市场的赢家组合和一个明显跑输市场的输家组合。

(3)在整个样本回测期内,无论市场处于涨跌过程,组合中有着较高的收益的组合能够以较高的概率跑赢市场,较低收益的组合有着较大的概率跑输市场。

3)有效但冗余因子剔除

处于因子内部驱动因素的考量,有些因子可能存在相近的驱动因素,这样的因子组合其作用具有较高的一致性,可是对于这些因子不能都将其入选至有效因子中去。对于这些相关性很高的同类因子,需要做的工作是剔除冗余的同类因子,具体的操作方法如下:

(1)对股票样本的 n 组合按照组合收益率的大小进行打分,收益越高分值越高。做法为令组合 1 和组合 n 相对于基准差的超额收益分别为 AR_1 和 AR_n,如果 AR_1 小于 AR_n,则将 i 赋予到组合 i,反之,则将 i 值赋予组合 $n-i+1$,分值 i 为 $1\sim n$ 之间的连续整数,当组合确定后将其分别赋予每个月该组合的所有个股。

(2)重复上一步的计算过程,计算在不同时期的所有个股在所有因子下的得分值,可以构成一个 $m\times k$ 的矩阵(m 为所有个股数目,k 为因子数目),接下来对该矩阵的所有列求相关系数,即求个股在不同因子下的得分值相关性矩阵,在第 t 个时期,相关性矩阵为 $(Score\_Corr_{t,u,v})$,$u,v=1,2,\cdots,k$。

(3)重复上述步骤,求出所有期间内个股在不同因子下的得分值相关性矩阵,并对所得到的所有相关性矩阵求均值,计算出个股在所有时期内的相关性矩阵的平均值。

(4)定一个得分值相关性矩阵的阈值,当两个因子之间的相关系数大于这个阈值时就说明两个因子存在近乎相同的作用,需要对其中一个因子进行剔除,只保留那些相关性更小、有效性更强的阈值。

4)建立选股模型

在去除冗余因子后,在模型运行期间的每个时期对市场中正常交易的个股计算每个因子的最新得分,并按照一定的权重计算所有因子的平均分。最后就是按照高低分值进行排序,选出排名靠前的 10%、20%,或者排名靠前的前 50 只、100 只股票,通常情况下,许多研究认为 30 只左右的股票就已经足够分担系统风险。

5)选股模型的评价

选股模型的绩效评价一般可以从收益和风险两个角度来考虑,收益率角度主要衡量的是组合的收益率和组合相对于市场基准的超额收益率;风险角度主要考量的是 β 系数、夏普比率、信息比率。此外,也可以通过组合的胜率来考虑。

在实盘操作中,基于打分法的多因子选股模型深受许多量化交易者的喜爱,我们也曾试图以一个完整的案例来具体说明,但无奈时间仓促,只得作罢,因此只做了简单的介绍作为引导,有兴趣的读者可以阅读丁鹏的《量化投资策略》一书,也可以翻阅其他相关实证资料。

附录:平稳性检验和纯随机性检验

一、平稳性检验

对序列的平稳性有两种检验方法,一种是根据时序图和自相关图显示的特征做出判断的图检验方法;另一种是构造检验统计量进行假设检验的方法[①]。

1. 时序图检验

所谓时序图就是构建一个平面二维坐标图直观地帮助我们掌握时间序列的一些基本分布特征。

根据平稳时间序列均值、方差为常数的性质,平稳序列的时序图应该显示出该序列始终在一个常数值附近随机波动,而且波动的范围有界的特点。如果观察序列的时序图显示出该序列有明显的向上或者向下趋势,或者周期性,那它通常是非平稳序列。根据这个性质,很多非平稳序列通过查看它的时序图可以立刻被识别出来。

2. 自相关图检验

自相关图也是一个平面二维坐标图,一个坐标轴表示延迟时期数,另一个坐标轴表示自相关系数,自相关系数的大小通常以垂线段表示。

---

① 王燕.应用时间序列分析[M].北京:中国人民大学出版社,2014.

平稳序列通常具有短期相关性,该性质用自相关系数来描述就是随着延迟期数 k 的增加,平稳序列的自相关系数 $\hat{\rho}_k$ 很快地衰减向零。相反,非平稳序列的自相关系数 $\hat{\rho}_k$ 衰减向零的速度较为缓慢,可以利用这个标准进行平稳性判断。

3. 单位根检验

1) DF 检验

DF 统计量:

以一阶自回归序列为例:

$$x_t = \varphi_1 x_{t-1} + \varepsilon_t, \varepsilon_t \overset{i.i.d}{\sim} N(0, \delta_t^2)$$

该序列的特征方程为

$$\lambda - \varphi_1 = 0$$

特征根为

$$\lambda = \varphi_1$$

当特征根在单位圆内时:

$$|\varphi_1| < 1$$

该序列平稳。

当特征根在单位圆上或单位圆外时:

$$|\varphi_1| \geqslant 1$$

该序列非平稳。

所以可以通过检验特征根是在单位圆内还是单位圆上(外),来检验序列的平稳性,这种检验就称为单位根检验。

由于现实生活中绝大多数序列都是非平稳序列,所以单位根检验的原假设定为

H_0:序列 x_t 非平稳 $\Leftrightarrow H_0: |\varphi_1| \geqslant 1$

相应的备择假设定为

H_1:序列 x_t 平稳 $\Leftrightarrow H_1: |\varphi_1| < 1$

检验统计量为 t 统计量:

$$t(\varphi_1) = \frac{\hat{\varphi}_1 - \varphi_1}{S(\varphi_1)}$$

式中,$\hat{\varphi}_1$ 为参数 φ_1 的最小二乘估计值:

$$S(\hat{\varphi}_1) = \sqrt{\frac{S_T^2}{\sum_{t=1}^{T} x_{t-1}^2}}$$

$$S_T^2 = \frac{\sum_{t=1}^{T}(x_t - \hat{\varphi}_t x_{t-1})^2}{T-1}$$

当 $\varphi_1 = 0$ 时，$t(\varphi_1)$ 的极限分布为标准的正态分布：

$$t(\varphi_1) = \frac{\hat{\varphi}_1}{S(\varphi_1)} \xrightarrow{\text{极限}} N(0,1)$$

当 $|\varphi_1| < 1$ 时，$t(\varphi_1)$ 的渐近分布为标准正态分布：

$$t(\varphi_1) = \frac{\hat{\varphi}_1 - \varphi_1}{S(\varphi_1)} \xrightarrow{\text{渐近}} N(0,1)$$

但当 $\varphi_1 = 1$ 时，$t(\varphi_1)$ 的渐近分布将不再为正态分布。为了区分传统的 t 分布检验统计量，记

$$\tau = \frac{|\hat{\varphi}_1| - 1}{S(\varphi_1)}$$

该统计量称为 DF（Dickey-Fuller）检验统计量，它的极限分布为

$$\frac{\int_0^1 W(r)\mathrm{d}W(r)}{\sqrt{\int_0^1 [W(r)]^2 \mathrm{d}r}}$$

式中，$W(r)$ 为自由度为 r 的维纳过程（Weiner process）。

随机模拟的结果显示 τ 检验统计量的极限分布为对称钟形分布，和正态分布的形状非常相似，但均值略有偏移。

DF 检验为单边检验，当显著性水平取为 α 时，记 τ_α 为 DF 检验的 α 分位点，则

当 $\tau \leqslant \tau_\alpha$ 时，拒绝原假设，认为序列 x_t 显著平稳。

当 $\tau > \tau_\alpha$ 时，接受原假设，认为序列 x_t 非平稳。

DF 检验的三种类型：

在前面的分析中，我们始终以最简单的中心化一阶自回归序列为分析重点，实际上，DF 检验还有更为广泛的使用，它可以用

于如下三种序列的单位根检验。

第一种类型:无常数均值、无趋势的一阶自回归过程。

$$x_t = \varphi_1 x_{t-1} + \varepsilon_t, \varepsilon_t \stackrel{i.i.d}{\sim} N(0, \delta_t^2)$$

这就是之前一直分析的类型。

第二种类型:有常数均值、无趋势的一阶自回归过程。

$$x_t = \mu + \varphi_1 x_{t-1} + \varepsilon_t, \varepsilon_t \stackrel{i.i.d}{\sim} N(0, \delta_t^2)$$

在这种场合下,通过最小二乘估计方法,可以得到未知参数 μ 和 φ_1 的估计值。通过检验特征根的 φ_1 性质,可以考察消除常数位移之后的中心化序列 $\{x_t - \mu\}$ 的平稳性:

$$x_t - \mu = \varphi_1 x_{t-1} + \varepsilon_t$$

假设条件如下确定:

$$H_0: |\varphi_1| \geqslant 1 (序列\{x_t - u\}非平稳)$$
$$H_1: |\varphi_1| < 1 (序列(x_t - \mu)平稳)$$

第三种类型:既有常数均值又有线性趋势的一阶自回归过程。

$$x_t = \mu + \beta t + \varphi_1 x_{t-1} + \varepsilon_t, \varepsilon_t \stackrel{i.i.d}{\sim} N(0, \delta_\varepsilon^2)$$

在这种场合下,通过最小二乘估计方法,可以得到未知参数 μ、β 和 φ_1 的估计值。通过检验特征根 φ_1 的性质,可以考察消除了常数位移和线性趋势之后的中心化一阶自回归序列 $\{x_t - \mu - \beta t\}$ 的平稳性。

$$x_t - \mu - \beta t = \varphi_1 x_{t-1} + \varepsilon_t$$

假设条件如下确定:

$$H_0: |\varphi_1| \geqslant 1 (序列\{x_t - \mu - \beta t\}非平稳)$$
$$H_1: |\varphi_1| < 1 (序列(x_t - \mu - \beta t)平稳)$$

2) ADF 检验

DF 检验只适用于一阶自回归过程的平稳性检验,但是实际上绝大多数时间序列不会是一个简单的 AR(1) 过程。为了使 DF 检验能适用于 AR(p) 过程的平稳性检验,人们对 DF 检验进行了一定的修正,得到增广 DF 检验,简记为 ADF 检验。

ADF 检验的原理:

对任一 AR(p)过程

$$X_t = \varphi_1 X_{t-1} + \cdots + \varphi_p X_{t-p} + \varepsilon_t \quad (1)$$

它的特征方程为:

$$\lambda^p - \varphi_1 \lambda^{p-1} - \cdots - \varphi_p = 0$$

如果该方程所有的特征根都在单位圆内,即

$$|\lambda_i| < 1, i = 1, 2, \cdots, p$$

则序列$\{X_t\}$平稳。

如果有一个特征根存在,不妨设

$$\lambda_1 = 1$$

则序列$\{X_t\}$非平稳,且自回归系数之和恰好等于1。

$$\lambda^p - \varphi_1 \lambda^{p-1} - \cdots - \varphi_p = 0 \xrightarrow{\lambda=1} 1 - \varphi_1 - \cdots - \varphi_p = 0 \Rightarrow \varphi_1 + \varphi_2 + \cdots + \varphi_p = 1$$

因而,对于 AR(p)过程可以通过检验自回归系数之和是否等于1来考察该序列的平稳性。

为了便于检验,对(1)式进行等价变换:

$$\begin{aligned}X_t - X_{t-1} &= \varphi_1 X_{t-1} + \cdots + \varphi_p X_{t-p} - X_{t-1} + \varepsilon_t \\&= (\varphi_2 + \cdots + \varphi_p) X_{t-1} + \varphi_1 X_{t-1} - X_{t-1} - (\varphi_2 + \cdots + \varphi_p) X_{t-1} \\&\quad + \varphi_2 X_{t-2} + (\varphi_3 + \cdots + \varphi_p) X_{t-2} - (\varphi_2 + \cdots + \varphi_p) X_{t-2} \\&\quad + \varphi_3 X_{t-3} + (\varphi_4 + \cdots + \varphi_p) X_{t-3} + \cdots + \varphi_p X_{t-p+1} + \varphi_p X_{t-p} + \varepsilon_t\end{aligned}$$

整理上式,得

$$\nabla X_t = (\varphi_1 + \cdots + \varphi_p - 1) X_{t-1} - (\varphi_3 + \cdots + \varphi_p) \nabla X_{t-1} - \cdots - \varphi_p \nabla X_{t-P+1}$$

简记为:$\nabla X_t = \rho X_{t-1} + \beta_1 \nabla X_{t-1} + \cdots + \beta_p X_{t-p} + \varepsilon_t$

式中

$$\rho = \varphi_1 + \varphi_2 + \cdots + \varphi_p - 1$$
$$\beta_j = -\varphi_{j+1} - \varphi_{j+2} - \cdots - \varphi_p, j = 1, 2, \cdots, p-1$$

若序列$\{X_t\}$非平稳,则至少存在一个单位根,有

$$\varphi_1 + \varphi_2 + \cdots + \varphi_p = 1$$

等价于 $\rho = 0$

则 AR(p)过程单位根检验的假设条件可以如下确定:

$$H_0: \rho = 0 (\text{序列 } X_t \text{ 非平稳}) \leftrightarrow H_1: \rho < 0 (\text{序列 } X_t \text{ 平稳})$$

构造 ADF 检验统计量：
$$\tau = \frac{\bar{\rho}}{S(\bar{\rho})}$$
式中，$S(\bar{\rho})$ 为参数 ρ 的样本标准差。

通过蒙特卡洛方法，可以得到 τ 检验统计量的临界值表。显然 DF 检验是 ADF 检验在自相关阶数为 1 时的一个特例，所以它们统称为 ADF 检验。

ADF 检验的三种类型：

ADF 检验可以用于如下三种类型的单位根检验。

第一种类型：无常数均值、无趋势的 p 阶自回归过程。
$$X_t = \varphi_1 X_{t-1} + \cdots + \varphi_p X_{t-p} + \varepsilon_t$$

第二种类型：有常数均值、无趋势的 p 阶自回归过程。
$$X_t = \mu + \varphi_1 X_{t-1} + \cdots + \varphi_p X_{t-p} + \varepsilon_t$$

第三种类型：既有常数均值又有线性趋势的 p 阶自回归过程。
$$X_t = \mu + \beta t + \varphi_1 X_{t-1} + \cdots + \varphi_p X_{t-p} + \varepsilon_t$$

3）PP 检验

使用 ADF 检验有一个基本假定：
$$Var(\varepsilon_t) = \sigma_t^2$$

这导致 ADF 检验对于异方差序列的平稳性检验效果不佳。

Phillips 和 Perron 于 1988 年对 ADF 检验进行了非参数修正，提出了 Phillips-Perron 检验统计量。该检验统计量既可适用于异方差场合的平稳性检验，又服从相应的 ADF 检验统计量的极限分布。

使用 Phillips-Perron 检验（简记为 PP 检验），残差序列 $\{\varepsilon_t\}$ 需要满足如下三个条件。

（1）均值恒为零。
$$E(\varepsilon_t) = 0$$

（2）方差及至少一个高阶矩存在。
$$Sup_t E(|\varepsilon_t|^2) < \infty$$
且对于某个 $\beta > 2$，$Sup_t E(|\varepsilon_t|^\beta) < \infty$。

由于没有假定 $E(|\varepsilon_t|_t^2)$ 常数,所以这个条件实际上意味着允许异方差性存在。

(3)非退化极限分布存在。

$$\sigma_S^2 = \lim_{T\to\infty} E(T^{-1}S_T^2)\text{存在正值}$$

式中,T 为序列长度;$S_T = \sum_{t=1}^{T} \varepsilon_t$。

二、纯随机性检验

拿到一个观察值序列之后,首先是判断它的平稳性。通过平稳性检验,序列可以分为平稳序列和非平稳序列两大类。

如果序列平稳,我们有一套非常成熟的平稳序列建模方法。但是,并不是所有的平稳序列都值得建模。如果序列值彼此之间没有任何相关性,那就意味着该序列是一个没有记忆的序列,历史的信息对将来的发展不会产生影响,这种序列我们称为纯随机序列。从统计分析的角度而言,纯随机序列是没有任何分析价值的序列。因此在对平稳时序数据建模之前需要进行纯随机性检验。

纯随机性检验也称为白噪声检验,是专门用来检验序列是否为纯随机序列的一种方法。如果一个序列是纯随机序列,那它的序列值之间应该没有任何相关关系,即满足

$$\gamma(\kappa) = 0, \forall k \neq 0$$

这是一种理论上才会出现的理想状况。实际上,由于观察值序列的有限性,导致纯随机序列的样本自相关系数不会绝对为零。

1.假设条件

白噪声检验的公式描述为

$$H_0: \rho_1 = \rho_2 = \cdots = \rho_m = 0, \forall m \geq 1$$

H_1:至少存在某个 $\rho_k \neq 0, \forall m \geq 1, \kappa \leq m$

原假设表示序列之间相互独立,备择假设表示序列延迟期数小于或等于 m 期的序列值之间有相关性

2.检验统计量[①]

1) Q 统计量

为了检验这个联合假设,Box 和 Pierce 推导出了 Q 统计量:

$$Q = n \sum_{k=1}^{m} \hat{\rho}_k^2$$

式中,n 为序列观测期数;m 为指定延迟期数。

根据正态分布和卡方分布之间的关系,我们很容易推导出 Q 统计量近似服从自由度为 m 的卡方分布:

$$Q = n \sum_{k=1}^{m} \hat{\rho}_k^2 \sim \chi^2(m)$$

当 Q 统计量大于 $\chi^2_{1-\alpha}(m)$ 分位点,或该统计量的 p 值小于 α 时,则可以以 $1-\alpha$ 的置信水平拒绝原假设,认为该序列为非白噪声序列;否则,接受原假设,认为该序列为纯随机白噪声序列。

2) LB 统计量

在实际应用中人们发现 Q 统计量只在大样本场合(n 很大的场合)检验效果很好,小样本场合的精确度不高。针对这一缺陷,Box 和 Ljung 又推导出 LB(Ljung-Box)统计量:

$$\text{LB} = n(n+2) \sum_{k=1}^{m} \left(\frac{\hat{\rho}_k^2}{n-k}\right)$$

式中,n 为序列观测期数;m 为指定延迟期数。Box 和 Ljung 证明 LB 统计量同样近似服从自由度为 m 的卡方分布。

实际上 LB 统计量就是 Box 和 Pierce 的 Q 统计量的改进,所以人们习惯把它们统称为 Q 统计量,分别记作 Q_{BP} 统计量(Box 和 Pierce 的 Q 统计量)和 Q_{LB} 统计量(Box 和 Ljung 的 Q 统计量),目前多数情况下普遍采用的 Q 统计量一般指的都是 LB 统计量。

---

① [美]蔡瑞胸(Tsay).金融时间序列分析[M].北京:人民邮电出版社,2012.

参考文献

[1]Engle,RF. Antoregressive conditional beteroskedasticity with estimates of the Variance of UK inflation[J]. Econometrica, 1982(50): 987-1008.

[2]Engle,RF. and Ng,VK. Measuring and testing the impact of news on volatility[J]. Journal of Finance, 1993(48): 1749-1778.

[3]Nelson,Daniel B. Conditional Heteroskedasticity in Asset Returns: A New Approach[J]. Econometrica, 1991(59): 347-370.

[4]Basel MA. Awartani, Valentina Corradi. Predicting the Volatility of the S&P 500 Stock Index via GARCH Models: the Role of Asymmetries[J]. International Journal of Forecasting, 2005(1):165-183.

[5]Muller U, Dacorogna M, Dave R, Pictet O, Olsen R, Ward J. Fractals and intrinsic time—A challenge to econometricians[R]. Working paper, Olsen and Associates, 1993.

[6]Andersen T G. Tim Bollerslev. Answering the Critics: Yes, ARCH Models Do Provide Good Volatility Forecasts [J]. International Economic Review, 1998(4):885-905.

[7]Corsi, RA simple long memory model of realized volatility[J]. Journal of Financial Econometrics,2009, 7(2):174-196.

[8]Martens, M, Measuring and forecasting S&P 500 index-futures volatility using high-frequency data[J]. Journal ofFu-

turesMarkets,2002,22(6):497-518.

[9][美]蔡瑞胸(Tsay).金融时间序列分析[M].北京:人民邮电出版社,2012.

[10][美]蔡瑞胸(Tsay).金融数据分析导论:基于R语言[M].北京:机械工业出版社,2016.

[11]高铁梅.计量经济分析方法与建模[M].北京:清华大学出版社,2006.

[12]许启发.R软件及其在金融定量分析中的应用[M].北京:清华大学出版社,2015.

[13]丁鹏.量化投资——策略与技术[M].北京:电子工业出版社,2012.

[14]刘奉丽.资本资产定价模型在上海证券市场的实证分析[D].云南财经大学,2011.

[15]丁晔昊.配对交易策略应用于我国A股市场之实证研究[D].浙江工商大学,2013.

[16]刘国旺.基于ARFIMA模型的上证指数收益率研究[D].广州大学,2012.

[17]戴丽娜.半参数ACD模型及其在中国股票市场中的应用研究[J].数理统计与管理,2009,28(2):318-323.

[18]祝长江.基于交易量持续期的股市流动性研究[D].上海师范大学,2014.

[19]刘向丽,成思危,汪寿阳,洪永森.基于ACD模型的中国期货市场波动性[J].系统工程理论与实践,2012,32(2):268-273.

[20]王燕.应用时间序列分析[M].北京:中国人民大学出版社,2014.

[21][美]Jonathan D. Cryer;Kung-Sik Chan.时间序列分析及应用:R语言[M].北京:机械工业出版社,2011.

[22]张世英,樊智.协整理论与波动模型:金融时间序列分析及应用[M].北京:清华大学出版社,2009.

[23]陈守东,陈雷,刘艳武.中国沪深股市收益率及波动性相关分析[J].金融研究,2003(7):80-85.

[24]徐炜,黄炎龙,宋伶俐.股市收益波动的非对称性研究[J].财会通讯,2007(9):68-73.

[25]严俊宏.基于投资者情绪的股市波动非对称性研究[J].技术与市场,2013(5):333-335.

[26]张琳,罗杨飞,唐亚勇.基于GARCH类模型的中国股市收益率分析[J].四川大学学报(自然科学版),2012(1):15-22.

[27]张金林,贺根庆.中国创业板和主板市场时变联动与波动溢出——基于DCC-MGARCH-VAR模型的实证分析[J].中南财经政法大学学报,2012(2):100-106.

[28]苏岩,杨振海.GARCH(1,1)模型及其在汇率条件波动预测中的应用[J].数理统计与管理,2007(4):615-620.

[29]郭明媛,张世英.基于"已实现"波动的VAR计算及其持续性研究[J].西北农林科技大学学报,2006(6).

[30]于晓蕾.基于HAR模型对中国股票市场已实现波动率的研究[D].吉林大学,2009.

[31]董殿华,张代军.基于HAR-RV模型的中国证券市场异质性研究[J].西安财经学院院报,2011(9).

[32]王春峰,姚宁,房振明等.中国股市已实现波动率的跳跃行为研究[J].系统工程,2008(2):1-6.

[33]杨科,陈浪南,基于C-TMPV的中国股市高频波动率的跳跃行为研究[J].管理科学,2011(2):103-112.